KB003121

게릴라
러닝

게릴라 러닝

여러
우물을
파는

도파민
학습법

이민경

미름모

차례

들어가며: 이 책은,

하고 입을 떼자 문장을 끝낼 수 있는 모든 경우의 수가 동시에 쏟아지려 한다. 너무 많은 가능성은 바로 그 때문에 어디로도 갈 수 없을 위험을 안고 있다. 이 책은 흔히 산만함이라고 불리는 기질이 불러일으키는 무한한 가능성이라는 위험 때문에 오래도록 애를 먹은 사람의 이야기이다.

하지만 수많은 갈래 사이에서, '게릴라 러닝'이라는 단 하나의 제목을 고정하는 데까지는 간신히 성공한 이 이야기를 나는 무한한 버전으로 끝낼 수 있게 되었다. 잠깐의 발상을 반짝 하고 떠올리는 정도에서 그치지 않고, 그 모든 버전을 각각 완결에 이르게 할 수 있다. '게릴라 러닝'은 하나의 메시지를 떠오른 즉시 무한하게 변주하는 즉흥성을, 생산이 이루어질 때까지 유지하는 기술이다. 그 이름을 딴 책에서는 이 기술을 익히는 방법론을 소개한다. 숨 쉬는 공기와 같이 마땅한 형체가 없기에 언어, 공부, 음악, 창작,

사업…… 원하는 어느 형식에나 담을 수 있지만, 생명과 같이 존재감은 뚜렷하여 배우는 사람은 자기 자신이 발전하고 있는지 잘 알 수 있을 것이다. 나와 유사한 기질을 가진 사람들에게 자신이 안은 위험을 그저 피하지 않고도, 혹은 생산을 포기하지 않고도 살아갈 수 있음을 알리고 싶어 책으로 정리해 펴내게 되었다.

　이 기술은 어느 영역에서나 쓸 수 있어 아무것도 아니거나, 연마하여 얻어낼 수 있는 게 아니라 애초부터 주어져야만 하는 것으로 여겨지곤 하는데, 나는 주로 외국어나 학업 성취 영역에서 활용하고 있다. 외국어 학습에 적용하면 실력이 발전하는 양상을 한눈에 확인하기 쉽고, 학업 성취는 당락이 확실하게 결정되기 때문이다. 이 기술은 특히 한정된 자음과 모음으로 폭발적인 문장을 만들어낼 수 있는 언어의 성질과 잘 어울린다. 어느 외국어를 배우는 누구에게나 적용할 수 있지만, 지금은 한국인 성인들 수백 명이 프랑스어를 짧은 시간에 폭발적으로 익히도록 가르치는 데 집중하고 있다. 이런 성과는 철저히, 흔히 학습을 방해한다고 알려진 기질 덕분에 만들어진 것이었다.

　이 이야기는 내가 가장 오랜 시간을 들여 배웠고, 이제는 그 방법대로 수많은 성인들을 가르치고 있는 외국어 분야, 그중에서도 프랑스어 학습이라는 외피를 입을 예정이다. 그러니 성인이 되어 새로운 외국어, 특히 프랑스어를 배우고 싶은 사람에게 가장 유용하겠다. 그러나 이는 독해상 편의를 위해 결정한 하나의 형식일 뿐이다. 이 이야기의 핵심은 어디까지나 그 외피를 순식간에 다른 것으로 갈아입는 변장술에 있음을 일러두겠다. 나의 학생들은 이 기술에 따라 프랑스어를 배우고 나서, 그 방법론을 프랑스어뿐 아니라 어디에든 사용할 수 있다는 점이 가장 마음에 든다고 했다. 그러니 이야기가 다른 갈래로 튀어나간다 싶을지라도 조금만 기다려주기를 바란다. 게다가 뜬금없는 연결은 언어의 가장 큰 구성 요소이기도 하다. 여러 가지 가운데 하나를 택하는 이야기는 끝까지 나오지 않는다는 점도 미리 밝힌다. 이를 분명히 하기 위하여 부제를 '여러 우물을 파는 도파민 학습법'이라고 명시하기로 했다.

요즘 들어 정도의 차이만 있을 뿐 산만함이 모두가 고민하는 주제가 되었다. 내가 오랜 시간 애를 먹었던 개인적인 기질이 이제는 공유할 수 있는 문제가 된 것이다. 약물을 통해 조절하거나, 발산하는 기질을 누르거나 제거하는 방법론이 주된 해결책으로 등장하는 듯한데, 이 책에서 위험을 돌파하는 접근법은 그와 정반대이다. 머릿속에 떠오르는 수없는 변주의 가능성 사이에서 실컷 매료되고 길을 잃어도 좋다. 결정이 필요한 순간, 한 번 내린 결정을 붙잡고 끝까지 달려 바깥으로 내보내는 방법을 터득하기만 하면 된다. 그렇게 여러 번 질주하다보면, 각각의 버전을 잠재적인 상태 혹은 결국 나를 주저앉히는 위험 요인으로 두는 대신 끝까지 연주해버릴 수 있을 것이다. 순식간에 너무 가볍게 떠올라버리는 스스로의 무게에 압도된 사람들이 있다면, 기질이 안은 위험에 발목을 잡히는 대신 그것을 타고 날아오르기까지의 시간이 담긴 이 이야기가 하나의 해방구가 된다면 좋겠다.

1. 누구나
   이스탄불 공항에
   갇힐 수 있으니까

즉흥은 생존에 필수다

앞으로 소개할 나의 학습법은 갑작스럽게 등장하고 휘발하는 성질을 가지고 있는데, 이를 묘사하기 위해 붙인 '게릴라'는 군사 용어를 어원으로 삼는다. 기습적인 전술이라는 뜻이다. 그런데 마침 군인은 무엇이든 빠르게 배운다고 한다. 신속함은 어디서든 생존 확률을 높여줄 수 있는 요소다. 같은 이유로 군인들은 낯선 곳의 언어를 빠르게 익히는 훈련도 받는다. 언제 어디에 착지하든 그곳의 소통 수단에 능숙하게 접근할수록 살아남기가 쉬워지기 때문이다. 그렇다면 어디에나 쓰일 수 있는 이 기술을 외국어 분야에서 자주 사용해온 건 우연이 아닐 것이다. 이 학습법의 목적과 효과는 평온한 일상에서보다 돌발 상황에서 빛을 발한다. 일상과는 전혀 다르다는 면에서 돌발 상황과 유사한 외국어 시험에서 탁월한 성과를 내는 이유도 마찬가지일 것이다.

게릴라 러닝은 언제 어떤 상황에 놓였다 해도 '저는', 하고 입을 뗄 수 있게 하는 데 초점을 맞추고 있다. 프랑스어를 접한 지 얼마 되지 않은 한국인 성인도 말할 수 있다. 성인도 얼마든지 외국어를 배울 수 있지만 아이보다는 학습 속도가 느리고, 한국어와 프랑스어는 서로 유사성이 가장 적다고 알려져 있는 만큼 이 성과는 고무적이다. 혹은, 프랑스어는 무슨, 하나나 제대로 하라는 빈정거림을 듣는 사람이 더 이상 주눅 들지 않고 입을 떼게 한다. 아니면 이스탄불 공항에 어쩌다가 3일씩 갇혀버린 사람도 어떻게든 문제를 해결하기 위해 자기를 표현할 수 있다.

이스탄불 공항에 갇힌 건 나와 세계일주를 하던 동행이었다. 그와 나는 그가 이스탄불에 갇히기 전날까지 늘 같이 다녔다. 튀르키예를 떠나면서 노트북을 잃어버렸다가 경찰에게서 별다른 반응이 없어 체념하며 지냈는데, 이후 한국으로 귀국하려 공항으로 나서는 순간 갑작스럽게 문자를 받았다.

'노트북을 찾았으니 가지러 오시오.'

그래서 함께 한국으로 돌아오려다가 나는 한국으로, 동행은 튀르키예로 노트북을 찾으러 따로 나서게 된 것이다.

공항 엘리베이터에서 내려야 할 층에 멈추었는데 문이 열리지 않았다. 아주 작은 엘리베이터 안에 탑승객은 열 사람. 두 사람은 중국인, 두 사람은 한국인, 나머지는 이 나라 사람들로 추정된다. 처음에는 태연하게 열림 버튼을 눌러보던 사람들이 하나둘씩 웅성거린다. 혼잣말로 투덜대던 사람들이 서로 대화를 시작하고, 중국인은 자기 나라 말로 대화한다. 너무 작은 공간 안에 너무 많은 사람들이 서 있다는 의식을 하자 숨이 가빠오는 나는 스스로에게 말을 건다. 아니야, 지금 여기서 숨까지 못 쉬면 더 골치 아파. 제발 가만히······

"여기!"
"문이 안 열려요!"

다행히 그곳은 튀르키예 이후에 머물던 프랑스였다. 그래서 나와 동행은 사람들이 하는 말을 정확하게 알아들을 수 있었다.

한참 걸려 직원이 온다. 철도청 유니폼을 보니 안

도감이 든다. 마찬가지로 안도한 사람들이 직원에게 지시를 한다.

"비상 열쇠로 문을 열어봐요."
"열쇠가 없는데 누가 가지고 있는지
모르겠는데…… 잠깐만 있어봐요."

직원은 사라졌다. 이렇게 지체되다 비행기를 놓칠지도 모른다는 생각이 들자 정신이 또 아득해지려고 한다.

다른 직원이 여럿 도착하고, 그중 한 사람이 엘리베이터에 갇힌 승객들에게 조언을 한다.

"문을 힘으로 열어볼 테니까 다 같이
제자리에서 뛰어보세요."

귀를 의심했지만 제대로 들은 게 맞았다. 사람들이 뛰었기 때문이다.

"아니, 그러지 마요. 큰일 나요!"

사람들이 하는 말을 알아듣는 나는, 그들이 알아

듣는 말을 할 수도 있었다. 그런다고 그들이 멈춘 건 아니다만, 적어도 똑같은 상황이 말을 한마디도 할 줄 모르는 러시아 같은 나라에서 일어났다면 어땠을지 잠시 생각했다. 영문을 모르는 이유로 엘리베이터에 갇혀 있으면서 서로에게 알 수 없는 소리를 아주 빠른 속도로 주고받는 사람들 사이에 갇혔더라면, 그리고 누군가가 건넨 말로 인해 일제히 엘리베이터에 갇힌 사람들이 발을 굴렀더라면. 공포로 질식할 뻔했다. 상황에 대한 이해는 상황을 바꾸지 못한다 해도 우선 숨을 쉴 수 있는 공간을 만들어준다.

한 시간 여를 기다린 끝에 문이 열렸고, 우리는 헤어졌다. 그리고 튀르키예로 떠난 동행은 그곳에 홀로 갇혔다. 인천 공항에 내리자마자 휴대폰을 켜니 인터넷이 연결되어 있던 마지막 순간에 보낸 문자가 왔다.

'살려주세요.'

택시비를 내야 하는데 유일하게 들려 보낸 카드가 먹히지 않아 기사가 화가 나 문을 잠갔다고 했다.

사건은 발생하고 나면 각각의 요소를 미리 막을 수 있었던 듯 느껴진다. 이 일도 그랬다. 모두가 어떻게 그런 일이 일어나느냐고 물었다. 현금을 가져가지 그랬어, 경찰에게 다른 사람을 보낸다고 하지 그랬어…… 그러나 애초에 지금 비행기를 타러 가야 하니 제삼자를 보내겠다고 했지만 경찰은 불가능하다고 했다. 노트북을 도난당한 직후 위치 추적 기능을 쓰고, 번지까지 정확하게 나오는 주소를 경찰에게 바로 보여줬지만, 막상 접수한 당일 경찰은 미동이 없었다. 귀국 직전에 받은 연락이었기에 현금은 전날 거의 처분했고, 카드는 튀르키예에서 이제껏 문제없이 결제되었다. 게다가 새로 항공편을 결제하면서, 비행기 일정을 미리 보여주며 이 시간에 공항 내 경찰서에 들러 노트북을 받아가면 되느냐고 몇 번을 확인했고 경찰은 문제가 없다고 했다. 그러나 막상 공항에 도착하자 택시를 타고 가야 하는 다른 경찰서로 가라고 한 것이다.

인터넷이 끊겼으니 구글 번역이 통할 리 없고 영어로 소통할 줄 아는 택시기사는 세상에 생각보다 많지 않다. 그럴 때 기술의 발전 같은 건 무용해지고 내 몸으로 해결하지 않으면 안 된다. 양옆으로 열리고 위아래로 통로가 되어주던 엘리베이터의 사방이 일시에 벽으로 바뀌어 그 안에 갇혀버리는 사건은 언제 어디서든, 어떤 준비를 했든 일어난다. 게다가 준비만으로 대비할 수 없는 불확실성은 점점 더 크게 우리를 덮친다. 그렇기 때문에 계획이 전부 틀어진 바로 그 순간에 길을 찾는 즉흥성을 훈련할 필요는 누구에게나 있다.

생존은 고급 기술이다

잘 통하던 수단들이 공교롭게도 하나도 통하지 않는 이상한 순간이 닥치면 즉흥성이라는 능력은 빛을 발한다. 이스탄불 공항에 갇힌 동행은 내가 진행하던 프랑스어 수업의 조교였다.

'용꼬리반'이라고 이름 지은 프랑스어 학습 프로그램은 프랑스어를 한 번도 배우지 않은 한국인 성인약 800명이 참여했고, 참여 정도에 따라 편차는 있었지만 적지 않은 수가 평균 1년 정도 걸린다는 수준에 4개월 반 안에 도달하는 성과를 얻었다. 또한 참여 정도와 무관히 수강생들로부터 가장 적은 스트레스로 가장 정확하게, 또 가장 즐겁게 배울 수 있었다는 평가를 들었다. 언어를 고정된 지식으로만 학습하는 대신 소통이 필요한 그 순간에 즉시 꺼내어 쓸 수 있게되었다는 감상이 주였다. 심지어 프랑스어만 배운 뒤에 응시한 영어 시험에서 이전보다 성적이 오르는 결과도 자주 얻을 수 있었다.

조교도 앞서 말한 용꼬리반에 참여하면서, 성인이 되어 프랑스어를 처음 배운 뒤 1년 만에 최고 단계인 C2에 응시해 합격점인 50점에서 33점을 받았다. 참고로 나는 C2를 프랑스어를 시작한 지 10년이 넘어서야 취득했다.

그래서 그 방법을 즉석에서 활용해 이스탄불에서 현지인과 소통하면서 문제를 해결했다는 극적인 전개가 기다렸다면 좋았겠지만, 이 이야기에 그런 막강한 수단이나 대단한 결말은 기다리고 있지 않다.

개인이 폭력적인 구조 안에서 각자도생을 위해 추구하는 전략이 그러하듯이, 게릴라 러닝은 목숨을 위협하는 끔찍한 사건 앞에서는 어떤 힘도 발휘할 수 없다. 택시기사가 돈도 전화도 끊긴 외국인 여자를 태우고 문을 잠갔다는 이야기를 듣고, 그 이후에 이어질 수 있는 전개를 떠올리면서 나는 점점 공포에 질렸고, 조교 역시 정신을 잃고 포기할 것 같다는 메시지를 보냈다.

그러니 구조를 단숨에 이기는 개인의 막강한 힘 같은 건 이 책에 없다. 사건을 방지하기 위한 완벽한 대응책 같은 건 없음을 인정한다. 일어날 사건은 일어난다는 게 차라리 게릴라 러닝의 대원칙이다.

하지만 그렇다고 해서 개인에게 발휘할 수 있는 힘이 없다는 건 아니다. 기절할 것 같은 상황에서 정신을 차리게 해줄 수는 있다. 사건사고를 막을 수는 없지만 물에 빠졌을 때 숨 쉬는 법은 있다. 발을 헛디딘 물가에서 가망이 없어 보여도 숨만 잘 확보하면 살 수도 있다. 게릴라 러닝은 통제할 수 없는 것을 통제하기 위하여 물가에 가지 않는 대신, 숨을 쉴 수 있는 자신의 몸에 집중한다. 일어날 일은 일어나겠지만 그 일이 어떤 결과로 끝나게 될지도 두고 봐야 아는 일이고, 일어나버린 사건의 진행에는 개입할 여지가 있다.

게릴라 러닝을 적용한 외국어 학습 프로그램을 운영하면서 언어에 대한 여러 가지 관점을 살피게 되었다. 그 가운데 찾게 된 '언어는 스포츠'라는 문장에 동의하는 바이다. 그 가운데 나는 외국어 학습이 수영과도 같다고 생각한다. 수영은 물속에서 몸을 움직이는 일상의 평온한 재미인 동시에, 모두에게 늘 닥치지는 않지만 누구에게고 닥칠 수 있는 위기에서 살아나오게 해주는 구명 기술이기 때문이다. 누가 발이 묶이는 상황을 좋아하겠냐만은, 나는 어디로도 이동할 수 없는 상태에 대해 특히 극심한 공포가 있다. 외국어를 좋아하는 이유는 배우는 과정이 즐거워서이기도 하지만 이런 공포로부터 멀어질 수 있다는 효과도 있다.

조교는 막강한 힘을 발휘해 위험천만한 상황을 뒤집어엎지는 못했고, 그저 내게 살려달라는 문자를 보냈다. 나는 이스탄불 영사에게 전화를 걸어 공항에서 택시로 아주 가까운 거리에 있는 경찰서에 연락해 한국인이 있는지 찾아달라, 노트북 수령이 빨리 이루어지도록 재촉해달라, 택시비가 없으니 경찰에게 공항으로 데려다주기를 부탁해달라고 했다. 감사하게도 영사가 적극적으로 도와준 끝에 그는 노트북을 받아 택시비 없이 공항으로 돌아왔다. 비행기가 취소되고 목적지가 바뀌는 등 그 이후로도 48시간 이상을 아무것도 먹지 못하고 공항에서 대기해야 했지만, 어쨌거나 한국에 무사히 도착할 수 있었다.

우리는 그리스와 튀르키예를 여행했는데, 그 주된 목적은 게릴라 러닝을 프랑스어 외의 언어에도 적용해 언어를 습득하는 방법론을 정립하는 것이었다. 짧은 기간 동안 완전히 낯선 나라의 언어 구조를 신속하게 파악하고, 또 다른 언어를 쓰는 나라에서 다시 언어를 처음부터 배우기를 반복하면서 훈련을 했다.

조교는 나와 같이 튀르키예에 머물며 빠르게 언어를 배우기는 했지만 위험천만한 순간에 직접 적극적으로 소통하고 상황을 부드럽게 만들 수 있을 만큼의 화술을 구사할 수는 없었다. 다만 눈앞에서 튀르키예어로 반복되는 대화들을, 아주 긴 시간을 투자하지 않고서는 절대 알아들을 수 없는 소리로 단정 짓지 않는 법을 익혔다. 경찰서에서 하염없이 대기하는 동안 반복적으로 들리는 소리들 가운데 어떤 소리들을 익숙하게 여기고, 사건이 어떻게 흘러가는지를 추측할 단서들을 찾았다.

게릴라 러닝은 사건사고를 겪지 않고 살기를 목표로 하지 않는다. 그리고 그런 위험과 무관한 사람은 없다. 따라서 적극적으로 움직이여 더 수월하게 빠져나오기를 연습한다. 낯선 곳에 정지한 채로 고립되는 대신 적극적으로 익숙해지도록 이동하는 능력은 분명 큰 능력이다. 대부분의 사건은 완벽한 행운과 완벽한 불운 사이의 회색지대에 놓여 있을 텐데, 몰랐던 영역을 알아가고 고립된 곳에서 바깥으로 통할 연결수단을 신속하게 찾는다면 회색지대 안에서도 더 유리한 지점으로 나아갈 수 있다. 실제로 조교는 빠르게 정신을 차렸고 무사히 한국으로 돌아왔다. 나에게도 큰 충격이었던 이 사건은 '게릴라 러닝'을 책으로 내놓는 계기가 되었다.

게릴라 러닝이 어떤 기술이냐고 물으면 한 문장으로 요약하기가 쉽지 않다. 그래서 편의상 말이 통하지 않는 상황에 처할 때를 대비해 그 나라 말을 빠르게 알아들을 수 있는 훈련이라고 이야기하면 쉽게 이해된다. 그런데 적지 않은 경우 이 방법론이 '생존용' 외국어로 요약된다. 그리고 이때의 '생존'이라는 단어는 또다시 '제대로' 된 외국어 공부와 대립되며, 상대적으로 낮은 단계의 학습을 연상시킨다. 그러나 본격적인 설명을 하기에 앞서 이런 구분이 타당하지 않음을 짚고 싶다.

생존을 위해 언어가 필요한 순간에는 어떤 교재에서도 한 번도 본 적 없고 들은 적 없는 상황에 놓일 확률이 높다. 인사하고, 소개하고, 하면서 시작하며 가르치는 교재의 어디에도 '코로나가 엔데믹을 향해 갈 무렵, 파리 공항에서 직원이 코로나라는 단어를 듣고 분무기를 얼굴에 분사하면서 소리를 지를 때 할 수 있는 말'은 나와 있지 않다. '도심 중앙 기차역에서 걸인이 귓가에 대고 너를 선로로 밀어 떨어뜨리겠다고 협박하는 순간에 할 수 있는 적절한 대답'도 마찬가지다. 물론 두 상황 다 실제로 겪은 것들이다.

책상에서 무한정 시간을 보내면서 고민하고, 칠판에 적힌 지식으로 언어를 배울 때와 달리, 당장 말을 해야만 하는 상황은 불안감과 스트레스를 유발한다. 그렇게 당황스러운 순간에도 입을 떼고 문장을 맺을 능력을 갖추지 못하면 아무리 상급반 진도까지 익혔다고 하더라도 다시 유창하게 말할 수 있는 방법을 찾게 된다.

그런데도 생존용 외국어와 시험용 외국어는 마치 전혀 다른 접근법을 필요로 하는 듯 여겨지고, 전자가 후자에 비해서 낮은 수준을 다루는 듯 오해된다. 현실에서의 사용 능력이 시험 스킬과 임의로 분리되거나, 생활에서 필요한 언어 능력을 단순한 문장 구조를 다루는 선으로 한정하여 가르치는 경우도 많다. 그러나 앞서 설명한 어떤 외부 기기도 쓸 수 없고, 당황스러운 심리 상태로 한정된 시간 안에 말이나 글을 만들어내야만 하는 상황은 여행이나 출장에서의 사고 말고도 또 있는데, 바로 시험이다. 따라서 게릴라 러닝은 시험과 생존을 임의로 나누지 않으며 생존을 고급 기술로 간주한다.

2. 밥을 먹든 티브이를 보든 하나만 하라는 소리를 들어봤다면

게릴라 러닝은 되도록이면 많은 양의 변주가 머릿속에서 쏟아져 내릴 수 있게끔 북돋는다. 다만 그 변주에 깔려 생산하지 못하는 일이 일어나지 않도록 신속하게 움직이는 방법을 익힌다. 수많은 변주 가운데 순간적으로 단 하나의 버전만을 결정해서 붙들고 끝까지 나아가야 생산할 수 있다. 마치 문장이 만들어지는 모습과도 같다. 입을 열기 전까지는 어떤 문장이든 될 수 있는 무의식이 단어라는 옷을 입고 차례차례 입밖으로 나간다. 따라서 언어가 움직이는 모양새와 많이 닮은 게릴라 러닝을 연마하면 언어를 빠르고 수월하게 다룰 수 있게 되는 건 당연한 수순일 것이다. 외국어를 잘 배울 수 있는 기술은 누구에게나 유용하겠지만, 특히나 밥을 먹든 티브이를 보든 하나만 하라는 소리를 듣고 자란 사람들에게 희소식일 수 있다. 밥을 먹으면서 티브이를 보는 정신머리를 고도로 발달시키면 기술이라고 부를 수도 있기 때문이다.

'보어아웃'과 '브라운아웃' 시대의 필수 기술

나는 프랑스어 수업뿐 아니라 그때그때 솟아오른 충동을 낚아채 일로 만드는데 그 종류가 여러 가지다. 같은 시기에 여러 가지 일을 할 뿐 아니라 한 공간에서 여러 가지를 겸하는 일도 잦다.

예를 들면 첫 번째 사무실에서는 주거와 사무를 겸했다. 그러다가 집과 사무실을 분리하며 이사를 했는데, 이제는 정식 사무실로 거듭나기 위해서가 아니고 더욱 본격적으로 다른 기능을 겸할 수 있는 사무실 자리를 찾기 위해서였다. 원하던 대로 배달 카페를 겸하게 된 새 사무실에서는 주로 프랑스어 수업을 하는데, 그 한편에서는 새로 중고차 수출에 착수했다. 한눈에 그 업종들 간에는 어떤 연관성도 보이지 않으니 세무사가 유독 우리 회사 장부를 정리하기에 골이 아프다고 할 만하다.

"어떻게 그렇게 많은 일을 벌이고 살아?"

안 힘드니? 하면서 끝나는 질문을 받으면 답을 원하는 게 아니라고 생각해서 웃어넘겼다.

"그럴 수밖에 없는 게…… 어려서부터 장래희망 란에 '이것저것 하는 사람'이라고만 썼으니까요."

그러니까 나는 되고 싶은 게 처음부터 끝까지 단 하나였고, 그걸 이룬 것이다. 그 단 하나가 여러 가지였을 뿐. 한 번도 한 우물만 파야 하나 고민한 적 없고, 한 번도 여러 우물이라는 외길을 걷지 않은 적 없었다. 여러 우물이라는 한 우물만 팠다는 말은 말장난 같지만 정말이다. 그렇게 들고판 가운데 제법 깊게 파인 물길을 직업적인 경로를 중심으로 설명하면 다음과 같다. 작가, 석사 두 개, 출판번역가, 어학원 원장, 두 개의 회사 대표……

많이들 내가 힘들지 않은지를 걱정하지만, 사실 요즘은 피곤해서 힘들다기보다 지루해서 힘든 시대다. 이 시대를 칭하기 위해서 스위스 컨설턴트 필리페 로틀린과 페터 베르더가 2007년 만든 개념인 '보어아웃bore-out'이라는 단어가 있다. 과중한 노동으로 소진되는 '번아웃burn-out'과는 반대로, 노동이 너무 '쉬워서' 무력감에 빠지는 것이다. 과다한 노동뿐 아니라 자신의 역량에 비해 너무 낮은 성과를 요구하는 일 역시 사람을 아프게 만든다는 것이다. 자아에서 일이 빠질 수 없는 시대에, 적은 보상과 긴 노동 시간뿐 아니라 처리해야 하는 업무에서 상승하는 감각을 느끼지 못하면 보어아웃에 빠지게 된다.

또한 예일대 교수였다가 사회 비판으로 인해 해고되고 런던정경대(LSE)에서 교수직을 이어간 데이비드 그레이버도 저서《불쉿 잡》에서 비슷한 진단을 했다. 자본주의 사회에서 무의미한 일자리가 넘쳐, 노동을 하는 사람 역시 스스로가 쓸모 없는 사람이라는 회의에 빠지는 현상이 일어난다는 것이다. 번아웃과 보어아웃의 중간으로, 열정이 사라져 무기력감에 빠진 상태를 뜻하는 '브라운아웃brown-out'이라는 단어도 새로 생겨났다.

그런데 연마한 방법에 대해 책을 쓴다고 하니 혹시라도 숫자로 환산했을 때 이 모든 직업이 전부 대단한 성공을 거두었다고 오해할 수 있겠다. 그러나 지켜보는 남들이 때로 안타까워할 때도 있을 정도로 사업적 성취는 크지 않다. 사업에 있어서라면 홈런을 칠 생각보다도 방망이를 최대한 여러 번 휘두르고 싶어 하는 얼빠진 선수인 셈이다.

내 꿈은 이것저것 하는 사람이 되는 거였다. 그 어떤 세속적인 성공보다도 그저 많은 순간을 많이 살고 싶었다. 다작을 하는 배우처럼. 배우들이 배우 인생에서 많은 역할을 맡고자 하는 욕심을 가지듯 나는 삶에서 그랬고, 그 기준대로리면 싱공했다. 그리고 그렇게 손댄 영역에서 소기의 성과를 이루었다. 예를 들어 처음 쓴 책은 대단한 규모의 베스트셀러가 되었다. 통번역대학원에는 수석으로 들어갔고 첫 학기에 작가로 데뷔하면서 그다음 학기도 연달아 책을 쓰면서 보냈지만, 졸업 시험에 통과해 동시통역이라 불리는 국제회의통역 석사 학위를 받았다. 그 뒤 대학원에서는 논문을 써서 졸업을 했다. 지역 국립대를 졸업했던 직원을 딱 한 번 시도한 편입 입시에서 연세대학교 편입 논술에 합격시켰다. 프랑스어 수업은 1년 만에 규모가 제법 커져 연예인들도 종종 찾는다. 미국에서 여성으로 처음으로 백만장자가 된 흑인 여성 사업가 C. J. 워커가 안타를 최대한 여러 번 치는 게 홈런의 비결이라고 했다는 문장을 읽은 뒤로는 이 얼빠진 버릇에 은근한 기대마저 품게 되었음을 고백하는 바이다. 다만 아직까지는 사업적으로 대단한 수치를 나타냈다기보다 지적 성취, 특히 외국어 학습에서 스스로 성취를 쉽게 거둘 수 있을 뿐 아니라, 타인들에게도 쉽게 성과를 내는 길을 제시할 수 있게 되었기에 그 기술을 책으로 펴내기로 한 것임을 말해두고 싶다.

"어떻게 그렇게 많은 일을 한 번에 하세요?
저도 하고 싶은 일은 엄청나게 많은데 시간은
부족하고 성과가 잘 나지 않아요."

그러니 나는 스스로에게는 무척 만족하면서도 하루하루 새로 생겨나는 과제를 처리하기에 급급해 하면서 살고 있었다. 산만한 사람은 자신이 벌이는 일의 어지러운 양상이 만족스러우면서도 그 일에 치여 자신이 언제나 형편없고 노력이 필요하다고 여기기 마련이라, 누가 나에게 진심으로 어떤 방법을 구하리라고는 생각하지 않았다. 그러다가 사무실을 찾아온 한 20대 여성의 물음을 맞닥뜨리게 되면서, 정말로 이 질문에 대한 답을 구하는 사람이 있음을 알게 되었다.

여러 우물을 파는 모양새는 짐짓 우습다. 언제나 우물을 파는 중이기 때문에 공사가 끝나는 날이 올 수 없어 성과가 눈에 드러나지 않아서이기도 하지만, 성과를 볼 생각 없이 공사다망한 경우가 많아서도 그럴 것이다. 예를 들면 최근 나의 관심사는 그리스어인데, 대체 그리스어를 배워서 어디 쓰겠는가?

어떻게 그렇게 많은 일을 하느냐고 질문하는 사람들이 정말로 답을 원할 리 없다고 생각한 건 이 때문이기도 했다. 그 질문에, 하루도 심심할 새 없는 나를 재미있어하는 호기심이나 애정뿐 아니라 빈정거림이 깃드는 경우도 허다했으므로. 한 가지도 제대로 하기 힘든 세상에서 여러 가지를 한다니 대단히 탁월한 줄 알았는데, 가까이에서 보니 별 시답지 않게 대충대충 되는대로 살아가는 듯 보여 더 그랬을 것이다. 심지어 이런 빈정거림은, 저 인사가 어떻게 그렇게 많은 작품 활동을 하고 사나 싶었더니…… 알고 보면 키우는 강아지를 자기가 돌보지 않더라면서 모든 비밀이 풀렸다(?)고 SNS상에 떠드는 식으로 나타난 적도 있을 정도였다(내가 선택한 동반 가족과 번갈아 키웠다. 어느 집을 돌아봐도 집에서 강아지를 같이 키운다고 개인의 생산성을 의심받는 경우는 없다).

여러 우물을 파는 나의 분주함에 대한 빈정거림이야 무시하고 지나가도 무방했지만, 그 방법을 정말로 알고 싶다는 질문은 그냥 넘어가기가 어려웠다. 그러니까 이 책은, 밥을 먹든 텔레비전을 보든 하나만 하라는 소리를 들어본 사람, 자꾸만 몸이 그리로 향하거나 적극적으로 그렇게 하고 싶은 사람에게 특히 희소식일 수 있다. 게릴라 러닝이 매일같이 이루어지는 공간인 이 사무실이 바로 그 습관을 끝까지 밀고 나간 산물이기 때문이다. 우스워 보이거나 말거나 여러 우물을 파는 데 오랜 시간 공을 들이면 기술로 만들 수 있다. 그리고 그 관념이 공간으로 구현될 방도를 마련할 수도 있게 된다. 한쪽에서는 배달 카페를 하는, 온갖 종류의 업태를 넘나드는 사업이 이루어지는 사무실로 이 방법을 연마하고 싶은 사람들이 매일같이 찾아온다.

이것저것 하는 게 소원인 사람도 있다

나를 찾아온 이 여성은 이전에 나에게 온라인으로 진로 상담을 받으며 한 차례 연이 생긴 사이였다. 일 경험이 많지 않아 고민이라는 그에게 나는 즉석에서 아르바이트를 제안했다. 그렇게 진로 서비스의 코디네이팅을 맡아 몇 달간 함께 일하게 되었다(나중에 듣기로 나를 미친 사람인 줄 알았다고 했는데, 나로서는 일 경험이 없는 게 문제라면 일을 만들어 경험이 생기면 해결된다는 생각에서 제안한 것이었다). 몇 날이 지난 이후 소식이 끊겼지만 그는 그 뒤로도 내가 회사를 키워가는 모습을 지켜보았고, 그 흐름이 흥미롭고 앞으로도 성장할 잠재력이 있다고 느껴 고민을 상담하고 싶다고 했다. 그에게는 내가 형식 없이 일관한 바가 읽혔고, 자신이 고민하는 부분에서 나는 발전을 이루었다고 판단한 것이다. 그 고민 내용을 간추리면 다음과 같다.

'관심사는 많아 이것저것 건드리는데 막상 제대로 하는 일은 없어 스스로가 한심하게 느껴진다. 신경이 너무 분산되어 있어 산만한 자신을 고쳐야 한다. 그래서 정해진 규칙을 정확히 따라야 하는 종류의 회사에 들어갔고, 나아지려고 버티는 중이다. 관심사를 사업으로 발전시키고도 싶어 퇴근 후 시간을 쪼개 살아가려 하지만 쉽지 않고 불안감이 크다.'

그는 여러 가지 관심사에 접근하지 못한다면 삶의 의욕을 잃을 정도라고 했다. 이것저것 한다는 단한 가지를 소망할 때의 나 역시 그 목표가 무척 절박했다. 길이 여러 갈래로 열리지 않으면 숨이 막혔기 때문이다. 건드리는 모든 영역에서 절대적으로 큰 성공을 이루지 않더라도, 여러 가지를 동시에 굴리면서 느끼는 만족감으로만 숨통을 틀 수 있는 사람들도 있다. 이 책은 특히 그런 사람들에게 유용하게 쓰일 수 있다. 게다가 요즘은 여러 가지를 동시에 굴리면서 성과를 내는 병행의 묘가 필요한 사람이 누구인지를 가려내는 게 딱히 의미 없어 보인다. 나와 다르게 신경이 한 갈래로 잘 모여 있던 사람도 끊임없이 변화하는 사회에서 자꾸만 직업을 바꾸도록, 한 시기 안에 여러 가지를 잘해내도록 요구받는다. 모두의 신경이 점점 더 분산되고 하나만 잘해서는 살아남을 수 없다는 경고가 보편적으로 통용된다. 그래서 여러 우물을 파는 기술인 게릴라 러닝은 산만한 사람에게는 물론이지만, 그렇지 않은 사람에게 오히려 더 유용할지 모른다.

회사의 정의는 가치를 창출하는 행위를 같은 방향으로 해나가는 사람이 많이 모인 곳이라고 한다. 나는 상담 끝에 그에게 직원 자리를 제안했고, 그는 지난번과 마찬가지로 받아들였다. 여러 우물을 파다가 회사까지 차렸다면 그곳에는 여러 우물을 파고 싶은 사람들이 모여야 좋다. 그에게 직원 자리를 제안한 까닭은 내가 직원에게서 구하던 자질을 그가 갖추었기 때문이다. 기질을 자질로 바꾸기 위해서는 많은 노력이 필요하지만, 기질을 누르려고 하다가 분열되거나 스스로를 감출 때보다는 치러야 하는 비용이 적다.

분열 대신 발산하는 학습법

'저 아홉 시에 잠들었다가 지금 깨서 출근하는 중이에요.'

새벽 세 시가 넘은 시간에 메시지가 왔다. 앞서 고민을 상담했던 직원으로부터 온 메시지인데, 별도로 출근 시간이 정해져 있지 않은 회사에서 세 시에 출근하겠다는 이유는 아마 그냥 지금이 그렇게 하기 좋은 시간이라고 생각해서였을 것이다.

신경이 분산되었다는 자체로 질책을 받던 회사에서 버티며, 버텨내지 못하면 실패이므로 참고 견뎠다던 직원 역시 밥을 먹든 티브이를 보든 하나만 하라는 소리를 듣는 어린 시절을 보냈다. 그런데 이런 사람들은 하나보다 많은 걸 구해야 살아갈 수 있는 성미를 누른다고 문제를 해결할 수 없다. 이제 그는 자신과 비슷한 기질을 그대로 공간으로 만든 곳에 있고, 더 이상 스스로의 발산하는 성질을 눌러야 한다고 생각하지 않는다. 일하는 동안 신경이 다른 곳으로 티나게 쏠려도 무방한 조직에서, 생긴 대로 살면서 업무에 몰입하고 퇴근하면 같은 자리에서 자기 사업을 한다(당연하지만 우리 회사는 겸직을 환영한다). 관심사가 바뀌어도 이전에 관심을 가졌던 분야는 어디로 갔느냐며 조롱하거나 빈정대지 않는다. 하던 것이나 잘하라는 지적도 하지 않는다. 그래서 그는 적어도 앞서 고민했던 부분에 대해서만큼은 스트레스 없이 살고 있다.

그와 유사한 유년기를 보낸 다른 직원들과 함께, 우리는 프랑스어를 배우고 싶지만 주변으로부터 비슷한 지적을 듣는 성인 여성들을 가장 적은 스트레스로, 가장 빠르게 중급자 실력까지 폭발적으로 올려놓는 프로그램을 진행한다. 그리고 이 방법론을 여러 언어에 확대 적용한다. 여러 가지를 하면서 살고 싶다는 단 하나의 소망을 성인을 위한 다중언어 학습 기관으로 실현하고자 한다. 여러 우물을 파는 방법론을 전문으로 삼아서, 다중언어자라는 정체성을 기를 수 있는 공간으로 만들어낸 것이다. 사소한 데 신경을 쓰고, 하나가 다 끝나기 전에도 다른 데 관심을 두며, 우스운 모양새를 하고 돌아다니고, 완벽한 결과와는 언제나 거리가 먼 이들만이 그런 공간을 만들 수 있다. 본질적으로 완벽할 수 없는 배움의 모습을 겁내지 않는 재능이 있어야 여러 언어를 신속하게 익히는 기술을 탐구하고 주변과 나눌 수 있다. 아침 여덟 시에도 북적거리지만 오후 세 시가 되어서도 텅 비어 있기 십상

인 회사의 이름은 '게릴라'로, 삶에서 여러 가지를 일
으키고 싶은 사람들이 그 방법을 배우기 위해서 모여
드는 중이다.

3. **산만함은**
축복이다

게릴라 러닝은 평생에 걸쳐 산만한 기질을 안고 살아온 내가 그 힘을 누르는 대신 최대한으로 써먹을 수 있도록 발전시킨 생산 기술이라고 요약할 수 있다. 이를 연마한 덕에 나는 자유롭게 산다. 알람을 따로 맞추지 않고, 눈이 떠진 시간부터 하루 일과를 시작한다. 일하는 장소가 고정될 필요가 없어서 가고 싶은 나라가 있으면 다녀온다. 예산이 한정되어 있으므로 호화로운 숙소에서 잔다거나 할 수는 없지만 머무는 기간을 최대로 늘릴 수는 있다. 기간을 조절할 뿐 아니라 시기도 마음대로 정할 수 있어서, 먼 곳에 보고 싶은 게 있다면 1년 중 원하는 시기에 가서 볼 수 있다. 이번 세계일주에서도 7월에 남프랑스에서 열리는 연극제, 그리스 섬 레스보스에서 매년 9월에만 열리는 여자들의 축제에 시기를 맞추어 다녀올 수 있었다.

그러다보니 주변에서 적지 않은 사람들이 내가 돈이 대단히 많은 줄 오해하기도 한다. '아직 대단히 성공하지도 않았는데 벌써 뭐가 그렇게 여유로워요?'라는 질문까지 받아본 적 있다. 그런데 내가 확보한 시간적 여유는 금전적 여유에 대한 결과값이 아니라 그 반대다. 게릴라 러닝은 가진 금전적 자원에 비해 누릴 수 있는 시간적 여유를 크게 확보해주는 기술이라는 점에서 의미가 있다. 따라서 이 장에서는 생산성을 따질 때 필수적으로 고려되는 시간과 산만한 기질의 관계에 대해서 이야기하겠다.

소원 들어줘, 계속 그리고 동시에

어떤 미래가 펼쳐질지 도무지 알 수 없던 학창 시절에는 '이것저것 하는 사람이 되게 해주세요', 하는 문장을 일기장에 쓰곤 했다. 그맘 때, 세 가지 소원을 들어주는 램프의 요정 지니를 만나면 마지막 소원을 '소원 계속 들어줘'라고 말하겠다는 반 친구의 말에 깊은 감명을 받은 적이 있다. 무한한 기회, 무한한 자원을 원하지 않는 사람이 어디 있겠느냐만은 유독 친구의 기지에 감탄하고, 그 말이 뭉게뭉게 피워 올린 램프의 구름에 강렬하게 매혹당했던 기억이 난다.

'소원 계속 들어줘, 그런데 차례대로 말고 동시에

들어줘.' 똑똑한 친구에게서 힌트를 얻은 뒤에 지니를 만났다면 이렇게 부탁했을 것이다. 같은 시간 안에 여러 가지 사건이 일어나는 성질인 동시성에 나는 늘 매료되었기 때문인데, 어느 정도였느냐면 처음으로 삼은 장래희망이 동시통역사였을 정도다.

그래서 나는 정말로 동시통역을 전공할 수 있는 대학원에 들어갔다. 그리고 동시통역으로 졸업했다. 그런데 이 문장 사이에는 또 다른 사건이 동시에 일어났다. 학교만 다녀도 따라가기 힘들다는 통번역대학원의 첫 학기에 우연히 책을 쓰게 된 것이다. 출판사를 직접 차려 낸 첫 책이 베스트셀러가 되면서, 입학부터 졸업까지 출판사를 병행해야 했다. 아무 때나 표를 끊어 출국하고 돌아오는 지금의 삶의 방식은 대학원을 다닐 때 낮에는 수업을 듣고 저녁에는 지역 강연을 다녀오던 패턴에서 비롯되었다.

소원을 계속 들어줄 방법을 찾았는데 왜 세 개로 한정하는가? 그리고 이왕 그 모든 소원을 동시에 굴릴 수도 있다면 왜 차례차례 들어줘야 하는가? 가능성에 대한 내 지론은 그때부터 지금껏 한결같은데, 이런 삶의 방식을 추구했던 이유는 나중에야 알게 되었다.

산만함, 시간을 지각하지 못하는 무능력

'산만한 사람은 시간을 다루는 데 문제가 있다'는 문장을 읽은 적이 있다. 당연하게 여겨진 문장이기에 그때까지만 해도 내 안에서 별 의미를 갖지 못했다. 그러다가 또 다른 문장을 읽게 되었다. '시간은 모든 일이 동시에 일어나는 걸 막아준다.'

'수박 게임'이라는 게임이 있다. 작은 과일들을 부딪쳐 큰 과일을 만드는 것인데, 마치 그 게임을 할 때처럼 무관하게 놓여 있던 작은 두 문장이 서로 부딪치며 커다란 충격을 주었다. 그제서야 많은 게 이해되었다.

시간이 삶에서 일어나는 사건을 담아내는 주머니라고 한다면, 나는 주머니가 자꾸만 터지곤 했다. 그 막이 극도로 얇은 문제까지는 알고 있었다. 그래서 평생 제시간에 출근하는 직장에는 가지 못하겠구나 했다. 주머니 안에 남보다 더 많은 구슬을 욱여넣고 싶어하는 마음을 가졌다는 것도 알았다. 그 주머니가 그냥 터진 것인지 내가 터뜨린 것인지는 구분할 수 없었다. 시간이 한다는 그런 역할의 덕을 평생 한 번도 본 적 없었다. 그 지점에서 욕망도 약점도 나왔다.

산만한 사람들은 시간에 대해 과도하게 낙관적

인 지각을 가지고 있다고 한다. 한 시 50분에 세 시 약속을 생각하며 두 시간이 남았다고 생각하는 식이다. 주머니 안에 내가 가진 구슬을 다 욱여넣을 수 있을 줄로 안다. 그러니 주머니에서 뭔가가 비죽비죽 튀어나오기 일쑤다.

동시에 많은 사건을 일으키려 드니 정해진 시간에 늦기 마련이라는 인과관계까지는 이해했지만, 시간의 덕을 보지 못하는 약점으로부터 동시에 일으키려는 성향이 발현한다는 생각은 해보지 못했다. 그저 특정한 생활 방식을 좋아하고 거기 이끌렸고, 한곳으로 신경을 모으는 방식으로는 결코 행동할 수가 없었다. 꼭 그렇게 하고 싶었고 그 반대로는 절대 할 수가 없었다. 이것저것 하고 싶은 욕망과 그렇게 사는 모습 모두 무능함의 발로였던 것이다.

생산성을 만들어내는 핵심 요소, 시간이라는 주머니가 자꾸 찢어진다면 크게 두 가지 선택을 할 수 있을 것이다. 주머니를 꿰맨다. 즉, 시간을 더욱 철저히 관리한다. 혹은 들어가는 구슬의 개수를 줄인다. 즉, 선택과 집중으로 할 일을 줄인다. 그러나 나는 진작부터 전자는 가망이 없다고 판단했다. 그리고 후자는 죽기보다 싫었다. 게다가 나는 그다지 나를 바꾸고 싶지도 않았다. 대신 그게 아닌 모든 건 상대적으로 그보다 나았고 받아들일 수 있었다. 그래서 있으나 마나 하게 얇게 존재하면서 은근히 신경 쓰이게 만드는 주머니를 집어서 버리기로 했다. 시간이 경계를 지어주는 힘이 약하다면 그 힘을 키우는 데 에너지를 들이지 않고 그냥 살았다는 뜻이다. 여러 가지 사건이 일어나는 걸 막아주는 시간의 안전한 한계 안에 담겨 있으려는 노력은 집어치웠다.

　　돈이 많아서 좋은 건 어느 수준 이후로는 소비를 할 수 있다는 점보다도 시간을 마음대로 쓸 수 있다는 점이라고 한다. 내가 시간을 마음대로 쓰면서 살아서 돈이 많은 줄로 오해까지 받는 비결은 시간을 마음대로 쓰기로 결심한 데 있었다. 사람들이 돈으로 결국 시간을 사게 된다면 처음부터 시간을 마음대로 쓰는 법을 알아내는 게 낫지 않을까, 하고 시간을 펑펑 써보았다는 말이다. 하루 단위로 해야 하는 일정을 별도로 정하지 않았다. 시간을 쓰고 싶은 사건이 생기면 몰두했고, 몰입이 끝날 때까지 시간을 썼다. 새로운 사건이 끼어들면 그 중심으로 일상을 조직했다. 시간대를 정할 수 있는 일을 골라서 하고, 시간에 따라 보수를 받는 성격의 일은 절대로 피했다. 되도록 집에서 일을 하거나, 완수하는 데 들어가는 시간을 줄이려면 줄일 수 있는 일을 찾았다. 무언가에 골몰하느라 시간이 흘러가는 걸 아까워하지 않았다.

누구에게나 삶은 유한하지만 이렇게 계속 산다면 삶이 끝나기 직전까지 무한한 시간 속에 살았던 사람이 될 것이다. 그리고 그 단순한 생각은 맞았다. 기왕 삶이 유한한 시간의 단위라면 그 이상으로 분절하거나 의식하지 않으니 시간을 쉽게 대했고, 자원을 확보하는 생산력도 결과적으로 늘어났다.

공격적인 투자밖에 할 수 없는 기질

시간을 적극적으로 낭비함으로써 내가 주관적으로 느끼는 시간은 언제나 무한하게 되었다. 시간을 낭비하여 시간을 얻었다는 이야기가 의아할지 모르겠다. 하지만 시간 역시 자원이라는 점을 생각해보면 돈을 다루는 전략 가운데 비슷한 접근이 있다. 부를 일구는 방법, 즉 가진 돈을 늘리는 다양한 접근 가운데 '가진 돈을 저축하지 마라!'라는 말이 있다. 현금을 계좌에 저축하는 식으로 쌓아두고 아끼는 대신 가진 자산이 얼마든 주식, 부동산 등에 적극적으로 재투자해 유동하게 함으로써 자산을 늘리라는 의미이다.

그리스와 튀르키예를 여행하던 때에 그리스 섬

인 레스보스에 넓은 부지를 구입한 한 여성과 인터뷰를 했다. 이스라엘에서 태어난 아랍계 난민 출신의 레즈비언이라는 소수자성을 가진 그는, 27세에 미국에 정착해 큰 부를 거머쥐었다. 인터뷰에서 그 여성은 투자를 하면 잃기도 얻기도 하지만 총합이 플러스라면 괜찮은 투자라고 했다. 그 말처럼, 나는 시간을 얼마나 들일 것인가 미리 따져보는 행위를 최대한 줄이고, 가지고 있는 시간을 공격적으로 써버리면서 총합을 늘리는 투자 방식을 택한다. 이 방식은 산만함을 긍정해야만 유지할 수 있다. 시간에 대한 지각이 약하기 때문에 자꾸 추구하는 동시성을 삶을 풍요롭게 만드는 요소로 여기며 만끽할 때에만 터득할 수 있다.

시간이 자꾸만 새어나가는 주머니를 가진 나는 시간을 느끼고, 아끼고, 저축할 수 있는 힘이 약하다. 그렇기 때문에 시간을 쓸 때 높은 위험을 감수해야 했다. 자칫하면 한군데에 너무 많은 시간이 흘러가버리거나, 한 번에 너무 여러 군데에 시간을 써버릴 수 있다. 그러나 정신이 다른 곳으로 튀어나갈 위험을 차단하거나 잃어버릴 수 있는 시간을 아낄 방법을 찾는 대신, 있는 대로 최대한 적극적으로 써버렸다. 시간 관리를 하려는 시도는 하지 않았다.

그렇게 움직이는 가운데 누군가는 결과로 얻은

보상을 보고, 누군가는 위험을 다루는 와중을 봤을 것이다. 보상을 본 사람들은 어떻게 시간을 쓰는지 알려달라고 하고, 위험을 본 사람들은 허튼 데 쏟는 시간을 아끼면 더 많은 효율이 날 것이라고 했다. 공격적인 투자 성향은 유지했다. 나를 바꾸는 데 드는 시간이 아깝고, 그렇게 시도해서 얻을 수 있는 결과는 의심스러웠기 때문이었다. 그렇게 경험이 쌓이다보니 같은 시간을 써서 얻을 수 있는 경험의 양과 새로운 영역에 진입하는 속도가 올라갔다. 시간에 대하여 나보다 덜 무능한 사람들로부터 하루를 1주일처럼 사는 방법을 알려달라, 대체 시간을 어떻게 쓰느냐는 질문을 받게 되었다. 시간이 필수적으로 고려되는 생산성이 시간을 다루지 못하는 무능력에서 왔다는 점이 참 재미있다.

산만함, 선택하면 축복

돈을 모아두지 않고 다른 것으로 적극적으로 바꾸는 사람들이 돈을 소중히 하지 않는 게 아니듯이, 나 역시 시간을 잘 쓰고 싶었다. 오죽하면 청소년기부터 직업의 종류는 상관없고, 시간을 내 마음대로 조정할 수 있는 일을 이것저것 하면서 살고 싶다고 소망했을까. 그래서 어떻게 하면 시간을 아끼지 않고 써버릴 수 있을지, 시간의 일반적인 흐름에 매이지 않고 멋대로 움직일 수 있을지만을 집중적으로 고민했다.

이런 방식을 택할 때 다행이라고 할 만한 점이 있다면, 새로운 영역에 시간을 써보고 싶은데 낭비하는 결과가 되지는 않을지 신중하게 고민해도 어차피 시간은 흘러간다는 것이다. 시간을 한 번 썼던 영역에 더 이상 시간을 쓰지 않게 될지언정, 시간을 쓸까 말까 고민하는 시간은 확실히 아낄 수 있었다. 거기에 더해 들인 시간을 회수하는 방법을 점점 더 잘 터득하게 된다. 투자에 망하기도 하고 성공하기도 하다가 플러스를 만드는 방법을 터득하게 되듯이, 시간 유동성을 점점 더 풍부하게 다루게 된 것이다. 이를 가능하게 한 배경에는 산만한 기질이라는 핸디캡과, 이 기질을 바꾸지 않고 다른 방법을 찾겠다는 선택이 있었다.

산만한 기질을 가진 사람들은 수없이 떠오르는 생각의 가지 사이로 결정을 하지 못해 시간을 하염없이 흘려보낼 수 있다. 하지만 산만하게 살아가기로 결정하고, 이 기질이 누릴 수 있는 감각을 극대화할 방법을 찾으면, 시간을 하루 단위로 무리 없이 저축하는 사람들보다 더 크게 회수할 기회를 얻을 수 있다고 나는 장담한다.

　시간의 둘레를 제대로 측정하지 못해서 무리한 범위 안에 여러 개의 사건을 욱여넣을 수 있을 거라고 생각한다면, 일을 완수하지 못하거나 시간 약속에 늦을 수 있다. 이를 조절하기 위해서 약물을 복용해 충동을 억제하는 경우도 점점 흔해진다. 하지만 사람은 환경에 따라 적응적으로 변화하기 마련이다. 세상에 자꾸 산만한 사람들이 생겨난다면 산만함이 필요한 세상이기 때문일지 모른다. 그러니 여기저기 두리번대는 자신의 기질이 마음에 드는 나와 같은 성격이라면 그 기질을 잘 다루는 능력을 키우면 그만이다. 산만한 사람들이 처방을 받고 약물을 복용하는 이유가 주변과의 조화를 위해서인 경우가 많은데, 주변을 자신이 존재해도 무리 없는 환경으로 조성하는 데 공을 들이는 선택을 할 수도 있다.

　있으나 마나 한데 하루에 두 번은 맞아서 아주 약간 신경 쓰이던 시계를 떼어낸 방 안에서, 주머니를 비집고 하나둘씩 굴러 나오던 구슬들이 작정하고 힘차게 쏟아져 내린다. 누르고 다스려야만 한다고 여겼던 충동의 조각들이 서로 부딪치며 몸집이 점점 커진다. 조금 진행되다가 금세 갈피를 잃었던 흐름이 시도를 거듭할수록 유연하고 풍성해진다. 산만하게 폭발하는 구슬을 어디에 가두어야 한다는 걱정 없이 바라볼 때, 각각은 개별적으로 영롱하고 모든 것이 한데 쏟아지는 모양새가 그저 시원하기만 하다. 우산으로는 도저히 막을 수 없는 소나기 아래 우산을 버리고 서 있을 때처럼.

4. 흥미를 동력으로 파는 여러 우물

내가 진행하는 프랑스어 수업은 문법을 가르치지 않고, 취미반과 자격증반이 별도로 구분되어 있지 않다. 4개월 반 동안의 과정은 흥미 본위로 진행하고, 다만 중급자 자격증 시험을 보며 끝나도록 이루어져 있다. 이 과정을 열면 수강생들로부터 아래와 같은 질문을 두 번째로 많이 받는다.

> "저는 그저 취미로 배우고 싶은데, 이렇게
> 자격증 시험을 보는 수업을 들어도 될까요?"
> "저는 B1 등급이 필요한데 흥미 위주라면
> 적절한 수업일까요?"

외국어 수업은 흔히 취미반과 자격증반으로 나뉘어 있다. 흥미와 생존이 임의로 갈라졌기에, 이 구도 안에서 재미있는 자격증반과 진지한 취미반은 존재하기 어렵다. 프랑스어를 처음 배우는 사람들을 대상으로 흥미를 위주로 수업하면서 즉흥적으로 반응하는 능력을 길러 궁극적인 생존 확률을 높이는 수업은 자격증반과 취미반 중 어디에 두어야 할까? 흥미와 생존을 가르지 않으면 질문할 필요가 없으니 고민하지 않아도 된다.

흥미가 생존의 필요조건일 때

흥미와 생존을 분리하지 않은 까닭은 나에게 흥미가 곧 생존과 같은 말이었기 때문이다. 나중에 보니 많은 이들에게 흥미는 생존의 방해꾼이거나, 생존이 충족된 다음에 채울 수 있는 영역이었다. 혹은 적당히 음미해야 해롭지 않은 감미료처럼 여겨졌다. 알고 보니 다른 사람들은 흥미가 부족해도 일상을 유지할 수 있었다. 내가 그토록 이것저것을 하면서 살아가기를 소망했던 이유가 밥을 먹을 때 티브이를 보는 정도의 흥미를 끼워 넣어야만 일상이 원활하게 돌아가기 때문이었다는 걸 알게 된 지도 얼마 되지 않았다.

내게는 일상을 지속하기 위해 흥미라는 감각을 직접 구하러 다녀야만 하거나, 몰입이 시작되면 통제하기 어려운 기질적 문제가 있었다. 이 책에서는 특정한 진단명을 경유하지 않지만, 최근 들어 나와 비슷한 행동 패턴을 보이며 살아온 이들에게 주의력 결핍, 과잉행동장애와 같은 이름을 부여하는 서사가 많이 만들어지고 있다. 그 덕에 나 역시 고정된 장소에 출근하거나 한 가지 직업을 꾸준히 이어가는 삶을 상상만으로도 견디지 못했던 행동 방식, 도파민을 직접 구하러 다녀야만 했던 기질적 문제들을 연결해 추론할 수 있었다. 다만 내 경우 적절한 진단을 받지 못하고 시간이 많이 흘러버렸다. 그리고 그사이 내게 맞는 환경을 만들며 기질로 인한 문제를 겪지 않게 되었다. 흥미를 강력하게 느끼지 않으면 일상을 유지할 수 없는 곤란을 겪다가, 이제는 그로 인해 생긴 습관만 남았다. 그 습관이 만들어낸 사무실에 있다보면 자주 듣게 되는 잔소리는 이렇다.

"밥을 먹을 때는 꼭 뭐라도 읽어라."
"운동할 때는 독일어 팟캐스트라도 들어라."

주의력 분산이라는 문제를 겪는 사람을 찾는 일은 이제 너무 쉽다. 세상이 사람들에게 그렇게 되도록 권유하는 데 가까울 지경이다. 산만하게 여러 관심사를 추구하면서 그로부터 겪는 어려움을 이야기하는 데 반드시 특정 진단명을 언급할 필요는 없다고 생각해, 이 책에서 질병의 서사를 별도로 경유하지는 않겠다. 하지만 게릴라 러닝이라는 생산의 기술은 바로 이렇게 흥미를 꾸준히 느끼지 않고서는 생활이 불가능했던 삶의 장애물이라는 맥락에서 나왔음은 분명하다.

그러다 이도 저도 안 될까봐

프랑스어를 시작하려는 학생들에게는 고민이 많다. 흥미를 느끼는 취미를 가져도 될까, 부터 시작해서 앞으로 어떻게 살아야 할까, 까지 이어지는 고민은 대체로 아래와 같은 내용을 담고 있다.

> – 가슴 뛰는 일을 찾지 못했다면 제대로 살고
>   있지 않은 듯하다.
> – 흥미를 느끼는 분야에 몰입할라 치면 생존에
>   소홀하다는 우려가 든다.

모순을 만들어내는 두 문장에 갇히면 이렇게 된다. 우선 흥미를 느끼면 열심히 살지 않는 것 같아 불안해진다. 그러다보면 마음이 이끌리는 일일수록 어설픈 수준에서 멈추고 더 깊이 다가가지 않아야 한다는 결정이 내려진다.

한편 수강생들로부터 가장 많이 받는 질문은 이것이다.

"제가 프랑스어에 흥미는 있는데 아직 영어도 완벽하지 않아서요. 시작해도 될까요?"

게릴라 러닝은 산만함을 축복이라고 여긴다. 그리고 시간을 자유롭게 쓰며 생산한다. 이런 방식으로 만들어낸 프랑스어 프로그램이다보니, 비단 프랑스어뿐 아니라 여러 가지에 두루두루 관심이 있는 사람들이 자주 찾는다. 그런데 그런 사람일수록 자신의 성향 혹은 선택으로 인해 생산성이 낮아질까 몹시 두려워한다. 그러나 이들의 고민을 가만히 들어보면 행동 패턴이 다음과 같다.

1) 한순간에 해야 하는 여러 가지 과업을 한 번에 떠올린다.
2) 그 과업에 대해 마음이 무거워진다.
3) 결과가 실패이거나 끝까지 완수하지 못하게

되는 결말을 걱정한다.

4) 그 탓을 자신이 과업을 여럿으로 설정했기
　때문으로 돌린다.

5) 그 가운데 하나를 결정해야 한다는 생각에
　사로잡히면서 고민한다.

6) 무거운 마음을 유지하고 잠든다.

가짓수가 여럿이라는 그 자체에 원인이 있는 게
아닌 것 같다. 이 패턴은 내가 한때 극심하게 보이던
반응과도 비슷하다. 그런데 이는 사실 특정한 행동이
라기보다, 행동하기 어렵게 만드는 공포 반응에 가깝
다. 앞서 이야기했듯 산만한 성향을 고치려고 한 적
도, 충동에 따라서 움직이지 않은 적도 없으면서도
특정한 방향으로 흐르는 압력 앞에서 두려움을 느꼈
던 시기가 있었다. 10년쯤 전 대학을 다니던 중 극심
했고, 첫 책을 낸 뒤 나아졌다. 앞날을 결정하기 위한
수많은 계획을 세우면서 미래를 통제해보려다, 결국
통번역대학원에 진학하기로 결정한 첫 학기에 느닷
없이 책을 내게 되었기 때문이다. 이미 일어난 일을
수습하기 위해서 고민할 새 없이 계속 행동해야 하는
상황에 던져지면서 많은 공포가 해소되었다. 학생들
의 고민을 들으면서 돌아보자면, 원인은 모순적인 통

념에 우리가 스스로를 가두고 있기 때문으로 짐작된
다. 그 모순의 목록은 다음과 같다.

- 무언가를 시작하기 전에는 충분히 숙고해서
  움직여야 좋다. 함부로 움직이면 나쁘다.
- 계획이 있다면 생각에 머무는 대신 행동으로
  옮기는 편이 좋다. 생각만 하면 나쁘다.
- 움직임의 속도는 빠를수록 좋다. 한참 걸리면
  나쁘다.
- 움직인 결과는 풍부할수록 좋다. 적고
  빈약하면 나쁘다.
- 이것저것보다는 하나가 좋다. 여기저기
  두리번대면 나쁘다.
- 규모는 확장해가는 게 좋다. 규모가
  그대로라면 나쁘다.

그러니 충분히 숙고하고 움직이되 생각에 머물
지 않고, 규모를 확장하고 넓혀가되 여러 가지를 건
드려서는 안 된다는 제약에 걸리지 않을 수 없다. 움
직여야 하는데 움직이면 안 되고, 움직이면 안 되어
서 가만히 있으면 생산성이 부족한 사람이 된다. 이
문제는 생각만 많고 생산성이 낮은 자신을 탓한다고

개선되지 않는다. 이러다가 이도 저도 안 될지 모른다는 불안이 잡념을 촉진해 가장 불안해하는 결과를 불러오게 된다. 바로 '그러다 이도 저도 안 된다'이다.

하나나 제대로,
이것 아니면 저것이라는 딜레마를 넘어

나도 수업을 찾는 사람들처럼, 학창 시절 이것저것 하는 사람이 되고 싶었다. 그러다가 이것저것 배우는 것을 주특기로 삼은 학원까지 차린 것이다. 그런데 이 문장은 늘 두려움을 동반했다. '이것저것 하는 사람으로 살고 싶다'는 한 줄분의 소망을 일기장에 적으면 남은 장은 '그러다가 이도 저도 안 될까 두렵다'는 불안으로 채우게 되었다. 이것저것 하고 싶은 사람들에게 이도 저도 안 된다는 불안은 필연적이다. 그리고 여러 가지를 모두 완벽하게 해내지 못하면 이도 저도 아니라는 평가로 너무 빨리 미끄러진다. 사실 이 말은 실현 불가능한 저주와 같다. 혹은 새로운 시도를 하지 말라는 명령에 가깝다.

움직임을 두렵게 만드는 가장 큰 원인은 '이것 아니면 저것이라는 딜레마either/or dilemma'다. 모든 문제를 이분법적 구도에 가두고 둘 중 하나를 선택해야 한다고 여김으로써 없던 딜레마가 생겨나는 현상이다. 이 딜레마를 만들어내는 말은 '하나나 제대로'라고 할 수 있겠다.

하나를 하는 사람에 비해 여러 가지를 하는 사람이 받는 취급은 다소 극단적이다. 대단한 이상향을 달성하고 그럴 수 있는 능력을 타고난 듯 부러움을 사거나, 시답지 않고 변변찮은 인사로 보인다. 심지어 하나도 할 줄 모르면서 제 분수도 모르는 오만한 사람 취급도 받는다. 단순히 우려에서 조언을 받는 정도를 넘어 함부로 대해진다. 혹은 애정 섞인 우려의 탈을 쓴 무례한 취급을 당한다. 무례함과 폭력을 정당화하는 단 하나의 무기는 바로 '하나나 제대로'이다.

여러 가지를 건드리고 싶은, 신경이 분산된 사람들이 받는 압박은 때로 도를 넘는다. 불안을 감수하고라도 여러 가지를 추구한다면 완벽한 결과가 나와야 한다는 강박을 갖고, 비현실적 목표에 당연하게 실패한다. 여러 가지 가운데에서 하나라도 놓치면 실패이기 때문에 실패는 예정되어 있다. 예정된 실패를 자신의 부족으로 돌리며 쩔쩔매고 수치스러워하는 굴레가 계속된다.

그러나 하나만 하는 사람이라고 해서 살아가며

한심한 순간이 없을 리 없고 성과가 나쁘지 않을 리 없다. 프랑스어를 배우지 않기로 하는 모든 사람이 영어에 집중하고 있을 리가 없지 않은가. 영어도 안 하니까 프랑스어도 시도하지 않는 사람과, 영어를 안 하니까 프랑스어라도 하는 사람 가운데 정말 후자가 더 문제겠는가? 진짜 문제는 여러 가지가 하나 다음에 온다는 전제에 있다.

여러 가지는 하나 다음이 아니다

이건지 저건지 골라서 '하나나 제대로' 해야 한다는 규칙, 여러 가지는 하나 다음에 온다는 전제에 따르면 여러 가지를 하는 사람은 하나를 하는 사람보다 뛰어난 인물이다. 하나도 하기 힘든 세상에서 하나라는 일을 다 하고 저만치 나아갔기 때문이다. 하지만 그런 취급을 받는 인물은 사실상 존재하지 않는다. 멀리서 보면 그런 듯해도 가까이에서는 똑같이 한심한 사람 취급을 당한다.

　편의상 게릴라 러닝에 대한 이야기를 프랑스어를 중심축으로 삼아서 전개하기로 했는데, 이 서사 구조가 '그래도 이 여러 가지를 건드리는 사람에게는 프랑스어라는 '하나'가 있다'는 결론으로 요약될까 우려스러웠다. 하지만 나 역시도 프랑스어를 더 완벽하게 구사해야 한다고 생각한다면야 다른 영역으로 눈을 돌릴 수 없었을 것이다. 그럼에도 그런 '하나'를 가진 뛰어난 인물로 보이지조차 않는다면 벌받아 마땅한 인간일 뿐이다.

　하고자 선택한 걸 계속 이어가지 않고 다른 걸 집어 들기라도 하면, 혹은 집어 든 걸 그만두면 모두 규칙 위반이다. 실제로 내 학원에는 성인기에 프랑스어를 선택했다는 이유로 '영어 성적을 받기 전까지는 절대로 시작하지 마라, 정신이 나갔다, 이제부터 네 영어는 사라질 것이다, 무슨 생각을 하고 사는 거냐' 등 별의별 말을 들으면서 시달리는 성인 여성이 정말 많이 온다. 이런 경고는 단순한 만류를 넘어서는 심각한 수준이다.

　이 여성들은 자기 스스로를 완벽주의자라 칭하고, 자기 자신이 스스로를 힘들게 하고 있다고 말한다. 그런데 막상 이야기를 나누어보면 그들을 누르고 있는 건 자신의 비현실적 욕심이라기보다 그들의 현실을 비현실 혹은 과욕이라 부르는 외부의 잣대임을 금방 알 수 있다.

　원하던 대로 이것저것 하는 사람이 되어가는 과

정에서 경험한 현실은 일기장에 적던 구도보다 복잡했다. 이도 저도 아닌 것들을 여러 개 가진 덕에 하나만 들고팔 때보다 생산성의 총합이 높은 사람, 한 우물만 파는데도 그다지 뾰족한 수가 없는 사람, 이도 저도 아닌 것들 가운데 제법 괜찮은 성과를 낸 몇 가지를 추려내어 얼추 잘 살고 있는 사람, 여러 가지를 좇고 성과를 낼 수 있지만 저글링 기술이 부족한 사람 등 세상에 존재하는 경우의 수는 절대로 이분법에 다 가둘 수 없었다.

뺀다: 죄책감, 시간 관리, 문법 공부

여러 가지에 관심이 있는 사람들은 대체로 자신이 관심을 가진 각각으로부터 대충 괜찮은 성과를 내고, 다만 그 여러 가지 가운데 하나만을 택하지 않고 살기를 바란다. 살던 대로 살고 싶으며, 주변으로부터 자신의 성향에 대한 비난을 피할 수 있는 선택을 하려고 한다. 다개국어 학습 기관을 향해 나아가는 이유는 그 바람이 잘 실현되는 장을 만들기 위해서다. 완벽하게 부실한, 즉 '하나도 제대로 못하는 다수' vs. '완벽한 하나'라는 가정은 허구다. 이 허상은 구도의 산물이다. 역량이라는 몸집을 키울 필요가 있다면 관심을 가진 여러 영역의 역량을 종합하면 그만이다. 모으는 대신 공격적으로 써버리면서 투자하는 것도 투자의 일종이듯, 분산투자도 투자의 방식이다.

여러 가지를 건드리는 사람은 압도적인 천재이거나 무능한 멍청이라는, 그러니까 계속 여러 가지를 하고 싶다면 모든 점에서 빈틈이 없어야 한다는 규칙은 강박을 강화할 뿐이다. 게다가 이것저것을 잘하고 싶다는 사람들의 삶은, 분수에 맞지 않는 욕심을 내고 있으므로 그 욕심을 그만 내면 문제가 해결되는 식으로 단순하지 않다. 그 반대 방식으로 삶을 영위하는 게 도통 쉽지 않을 확률이 더 높다. 그런 이들에게 강박을 강화하면서 수치를 주거나 죄책감을 주면 성취가 대단해지기는커녕 문제 혹은 강점, 질병 혹은 재능을 제법 탁월하게 발전시킬 여지를 적극적으로 없앨 뿐이다.

그러니 마음을 가볍게 만드는 편이 좋다. 마음이 습관적으로 무겁다보면 가벼운 마음이 곧 비생산적인 시간을 살아가는 증거같이 여겨진다. 그래서 아무것도 하지 않아놓고 마음이 무거울수록 하루를 잘 살았다고 착각하게 되는 경우가 있다. 그러나 잘못된 건 가벼운 마음이 아니라 그 마음을 대하는 방식이다. 생산성이 최고의 가치여서는 아니다. 생산성을 원한다고 말은 하면서 몸은 무거운 마음에 깔려 누운 자리를 익숙하게 여기기 때문이다. 마음이 가벼워져야 생산성을 낼 수 있는데 그런 순간이 막상 찾아오면 거부한다. 그리고 생산성에 대해 생각한다. 하지만 몸집을 키우기 위해서는 무조건 가벼워져야 한다.

앞서 말한 대로 나는 시간 관리를 하지 않는다. 하루 안에서 필요에 의하지 않은 일정은 만들지 않는다. 이걸 해야 하는데, 하면서 미리 정해진 과업에 대해 생각하면서 드는 시간을 없애기 위해서다. 그러다보면 일에 착수하는 데 드는 시간이 점점 짧아진다. 목록을 적지 않으니 다 해내지 못한 과업의 리스트를 마주하면서 마음이 무거울 일이 없다. 오늘 하루 무엇을 했는가에 대해서는 할 말이 많으나 하지 못한 일에 대해 반성하는 시간은 보내지 않게 된다. 하지 못한 일이 있었던 까닭은 하루 중 중요한 다른 일을 하느라 시간을 이미 썼기 때문일 것이므로 그다음 날 한다.

이 방식은 20대 초반, 시간 관리를 해보려고 매번 처참하게 실패하다가 찾은 나름의 전략이다. 학부 시절 공포 반응이 컸다고 회고하던 때, 나는 여러 방면에 호기심이 있는 것까지는 좋다고 여겼다. 다만 지금 이 순간, 혹은 이번 달, 이번 학기에 한 가지를 선택하면 나머지를 놓친다는 생각에 두려웠다. 그리고 한 입장을 취하면 나머지 방향을 고려하지 않았다는 점에 대해 비난받을까봐 앞으로 가면서도 뒤를 돌아봐야 한다는 마음에 찝찝했다. 학생들의 프랑스어 실력을 늘리기 위해서 문법을 가르치지 않는 이유도 비슷하다. 머리로 이해한다고 몸으로 내보낼 수도 없으면서, 머리로 이해하는 규칙만 많아지면 하나를 말하면서 나머지를 놓치고 있는 것 같다는 실체 없는 불안이 성장을 막는다.

학생들이 한 언어를 배우면 다른 언어가 쇠퇴하리라는 걱정을 고질적으로 한다. 실제로 한 언어를 배우면 이미 알고 있던 언어와 충돌하는 '언어 간섭' 현상이 존재한다. 하지만 이 언어 간섭에 대한 걱정은 과장되었다. 이를 몸소 막아보고자 나는 프랑스어를 가르치는 방식 그대로 독일어를 배우는 실험을 해보았다. 학습 과정은 아래 자세히 서술하겠지만 결과만 먼저 말하자면 한 달 만에 중급 시험에서 50점을 받았다. 프랑스어 시험은 100점 만점에 50점이 합격 수준이지만 독일어는 60점이라 결과적으로는 불합격이었다. 하지만 죄책감, 시간 관리, 문법 공부, 기타 나를 무겁게 하는 모든 사고를 뺌으로써 정체되는 시간 없이 한 달을 보냈고, 그 한 달 동안 독일어를 한다고 프랑스어를 더 공부할 것은 확실히 아니었다.

시험은 4월에 보았고, 이후 공부를 완전히 놓았다가 7월에 독일의 도시 프랑크푸르트에 하루 들를 일이 있었다. 그랬더니 길거리에 있는 대부분의 표지판과 교통수단 안의 안내방송이 쉽게 이해되었다. 세 달 전보다는 잊었지만, 독일어라는 언어 구조에 진입할 만큼의 능력은 충분히 남아 있음을 알게 되었다. 독일어를 어설프게 할 바에는 프랑스어 실력을 더 늘리는 것이 현명하다고 여겨지지만, 만일 누군가가 독일어에 쓴 한 달만큼의 노력을 들여 더욱 향상된 프랑스어를 가지고, 지금 수준의 그저 그런 독일어를 내놓으라고 하면 절대로 응하지 않을 것이다.

미룬다: 읽기, 말하기, 돈 벌기

하고 싶은 게 많다면 하고 있는 것도 많아야 한다. 그러나 대부분은 행동을 미루고 사고실험에 갇힌다. 그러나 잡념은 숙고가 아니다. 다만 학습, 특히 언어 학습을 생산성 있게 하고, 그를 통해 생산적인 경제적 효과를 갖기 위하여 미룰 것은 읽고, 말하고, 돈을 버는 것이다.

우선 프랑스어 수업으로 설명하자면, 나는 학생들에게 문법을 가르치지 않을 뿐 아니라 네 달 반의 과정 중 첫 두 달은 글자를 보여주지 않는다. 몸이 완성되기 전에 머리만 빠르면 느린 입에 대한 수치심만 늘어나기 때문이다. 소리를 듣고, 각각의 소리를 구별하고, 스스로도 똑같이 발음할 수 있도록 훈련한 다음, 소리의 조합을 통해서 의미를 터득한 뒤부터 읽어도 충분하다.

말하기도 세 달째까지 가르치지 않는다. 한 줄 말할 수 있는 문장을 준다고 해도 그 말에 대한 다음 반응에 대답할 수 없다면 대화는 끝나고, 그렇다면 말을 했다고 볼 수 없다. 말을 잘하는 방법은 말이 알아서 튀어나갈 때까지 기다리는 것이다.

불필요하게 꺼내지 않고 튀어나갈 때까지 기다리면 빠르고 좋은 결과가 나온다. 글쓰기도 비슷하다. 나는 23세에 첫 책을 썼는데 그 책이 베스트셀러가 되어서 엉겁결에 작가로서 활동을 시작했다. 그때 그 책은 기획과 내용에서 화제가 되었을 뿐 아니라 총 집필 기간이 9일 걸렸기로도 유명했다. 그런데 그 글은 내가 일기 이외에 처음 써본 긴 글이었다. 사람들은 처음 쓴 글을 그렇게 길게, 그리고 많은 사람들이 열광할 수 있게 썼다는 데 놀랐다. 그러나 나는 그전에 글을 쓰지 않았기 때문에 폭발적으로 생산할 수 있었다고 본다. 23년간 한 번도 섣불리 시도하지 않고 이미 쓰인 글을 읽어 해치우기만 한 경험이 특정한 계기에 자발적으로 튀어나갔기 때문이다.

글과 말은 한 번 하는 방법을 알아내면 잊어버리기 어렵다는 공통점이 있다. 돈을 버는 것도 비슷하다. 20대 초반, 나는 영어 번역과 과외로 돈을 벌어서 생활비를 충당했다. 출판번역을 하는 데 문제가 없는 실력이었고, 토익 만점을 무리 없이 받는 영어였지만 영어를 모국어로 삼은 사람이 가진 온전한 느낌을 나는 갖지 못했다. 그러나 제법 잘했던 영어를 더 탁월한 수준으로 높이는 데 자원을 쓰는 엄두를 내는 대신, 가지고 있는 재주를 팔며 살았다. 영어 번역을 오래 하면서 한국어가 강화되었고 그 나름 장점이 있었으나, 영어로 된 글을 읽었을 때 내게 촉발되는 감정을 그대로 느끼면서 머물고, 그것을 내가 영어를 만들어낼 때 끌어다 쓸 수 있는 자원으로 삼지 못했다. 한 번역이 끝나면 그 다음 번역이 들어왔기 때문이다. 영어를 대하는 감이 자리 잡기를 기다리는 대신 클라이언트인 소비자를 떠올리며 한국어 단어를 빠르게 찾는 스킬을 늘려야 했다.

프랑스어를 가르칠 때, 학생들이 중상에 해당하

는 B2 단계에 도달하면 초급자를 가르치면서 돈을 벌 생각을 하지 말라고 조언하면서 가장 마지막 단계인 C2를 취득하게끔 하는 이유가 여기 있다. 이는 경제적인 여유가 있을 때나 할 수 있는 생각으로 여겨지지만, 중상 단계에서 적은 시급으로 얻는 돈의 총함과 상급을 최상급으로 올린 다음 받는 돈의 총합을 1~2년이라는 기간으로 비교하면 결국 비슷하다. 다만 자원이 적은 사람일수록 짧은 시간 동안 적은 자원을 투입해 빠르게 실력을 쌓을 필요가 분명히 있다. 그래서 게릴라 러닝이 기간 단축과 속도에 집중하는 것이다.

여성의 경우 상을 최상으로 높이려는 투자를 사치라고 생각하는 경향이 스스로도 있고 주변에서도 있다. 그래서 더욱더 몸집을 키우는 방법에 대한 이야기가 중요하다고 생각한다. 특히 스포츠에서는 당연시되는, 재능을 첨예히 하는 투자가 외국어 영역에서는 불필요하게 여겨진다. 미술이나 음악에 재능이 있는 아이를 발견하면 아이를 키우는 데 돈이 많이 들겠다는 말이 당연시되는 한편, 외국어 실력이 좋다면 돈을 아낄 수 있다는 뜻이지 돈을 더 투자해야 한다는 뜻이 되지 않는다.

영어와 독대하지 못했던 시간을 해결하기 위해서 독일어에 이어 그다음 달에는 2주를 남기고 영어 시험을 접수했다. 그러면서 그동안 내가 너무 일찍부터 타인의 매개가 되어주었음을 깨달았다. 그래서 저자의 텍스트를 읽을 때 내가 이어주어야 할 소비자를 떠올리며 한국어 단어를 찾는 대신, 저자와 나 혼자 마주하는 순간을 가졌다. 그런 시간을 가져보니 영어를 영어만으로 이해하는 게 불가능하지 않았다. 그렇게 2주간 준비한 아이엘츠(IELTS) 아카데믹 시험은 총점 7.5로 통과했다. 대단히 출중한 수준은 아니지만, 영어를 접하지 않은 지 한참 지나고 말하기 훈련을 거의 하지 않았음을 감안할 때에는 만족스러운 점수였다.

취미의 어원은 순수한 사랑

우리 수업에는 주로 프랑스어를 난생처음 배워보는 성인들이 오지만, 취미로 오래도록 프랑스어를 접했음에도 그간 발전이 더뎠던 수강생들도 온다. 일반적으로 취미반은 꼭 실력이 늘지 않아도 괜찮다는 뜻으로 여겨지거나 초급반을 뜻한다. 자격증반이나 직업반은 더 높은 실력을 요하거나 재미없이 배워야 마땅한 수업과 등치된다. 그런데 직업상의 목적 없이 흥미를 이유로 시작한 사람들도 성과에 대한 즉각적인 압박은 없을지언정 몇 년째 수준이 제자리라면 나름 스트레스를 받는다. 취미를 뜻하는 아마추어amateur 의 어원은 어설픔이나 맛보기가 아니다. 순수한 사랑 이다.

수강생들의 주변인은 취미에 지나지 않는 외국 어의 성취를 높이려 노력하는 모습을 보고, 무슨 취 미를 가지고 자격증까지 따려 드냐며 무모하게 굴지 말고 적당히 하라고 만류한다고 한다. 이럴 때면 할 거면 하나를 골라서 제대로 하라는 말이 어디로 갔는 지 알 수 없다. 그러나 내버려두어도 이끌리고 사랑하 는 분야를 두고, 다른 걸 잘하기 위해 에너지를 쓰는 게 더 무모하게 느껴진다.

그래서 취미로 언어를 배운다면 오히려 잘 구사 해야 한다고 생각한다. 완벽에 집착하지 않아야 하는 이유도 그래야 성취가 더 잘 나기 때문이다. 그러지 않고서는 즐길 수가 없다. 스키 선수가 될 생각이 없 어도 스키를 탈 때마다 넘어지기만 한다면 재미가 덜 할 것이다. 취미반과 자격증반을 따로 구분하지 않고 취미로 시작해도 중급자용 시험장에 들어가게끔 하 는 이유는 그래서이다. 실력이 그 정도는 되어야 재미 를 느낄 수 있다.

게릴라 러닝이 추구하는 '즉흥성'이라는 말에는 '즉시 실행한다'는 뜻 외에도 '흥취'라는 의미가 포함되어 있다. 그 순간 일어나는 흥취를 높이며 실력을 수월하게 끌어올린다면, 순수한 사랑에서 비롯된 배움에서 자원을 얻기가 쉬워진다.

# 5.	게릴라 러닝의 원칙: 변칙성과 자율성

게릴라 러닝은 자신의 충동이 향하는 분야를 기왕이면 잘 파고들 길을 연구한다. 최대한 빠르게 물길을 내는 과정에서 처음 느꼈던 순수한 사랑을 최대한 보존할 방법을 찾는다. 그러다보면 돈을 벌 수 있게 된다. 흥미와 생존을 구분하지 않는 방법론을 추구하다보면 취미를 생업과 구분 지을 수 없게 된다. 나의 첫 번째 취미인 프랑스어는 회사로 발전되었고, 회사는 성인들에게 취미를 기르는 방법을 제공하고 있다.

두 번째 취미는 여행이었다. 그리고 여행을 가면 늘 사업과 관련한 일이 생겨서 결국은 출장으로 끝난다. 일 때문에 외국에 나갔던 것이냐는 질문을 받기 십상이지만 사실 세계일주를 한 건 그냥 세계일주를 하고 싶기 때문이었다. 어떤 나라에 가기로 정한 이유도 그냥 그 나라에 가보고 싶기 때문이었다.

그런 나를 잘 아는 친구들은 이제 왜 그 나라에 갔느냐는 질문은 생략한다. 언제 시간이 되느냐는 질문도 하지 않는다. 대신 이제는 본인이 모년 모월에 어느 나라에 잠깐 갈 예정인데 혹시 그때 내가 거기 있지 않느냐고 묻는다. 딱히 언제 어디에도 있는 것 같지가 않으니 언젠가 그곳에 있지 않을 이유도 없어 보인다는 것이다.

동에 번쩍, 서에 번쩍 하는 내가 부럽다는 친구들은 자신을 적당히 땅에다 발붙이게 해주는 이 중력이 지겹지만, 자신을 붙드는 일상의 무게가 사라져버리면 한없이 나풀나풀 흩어져버릴까 두렵다고 말한다. 글쎄…… 삶에 규칙이 없다면 너무 산만해지지 않을까? 바로 그거다. 이번 장은 이전까지 배우지 않았던 영역에 도전하고 싶거나 학습에서 속도를 높이고 싶은 경우에도 쓰일 수 있지만, 무엇보다 규칙을 숙지하지 못하거나 자꾸 어기게 되는 사람들에게 특히 유용할 수 있다.

너무 산만한 건, 너무 좋다. 쓸 수 있는 돈이나 여유 시간은 많을수록 좋다는 사회적 합의가 있어 이상하게 들리지 않겠지만 산만함은 나쁘게만 보여 의아함을 자아내는 것 같다. 그러나 산만함의 다른 말은 지적 호기심이다. 산만함이라는 결과를 불러오는 이 에너지는 결과적으로 문제가 생겨날지언정 기본적으로는 많으면 많을수록 좋았다. 하지만 돈이나 여유 시간과 같은 어떤 에너지도 너무 많이 생길 때 다룰 수 없다면 마냥 좋지만은 않다. 그래서 나는 이 에너지를 보존하기를 우선으로 삼으면서, 다루는 방법을 필사적으로 찾은 것이다.

그러는 과정에서, 자꾸만 동시에 많은 일을 일으키면서 산만하게 굴던 까닭이 알고 보니 시간을 지각하는 능력이 약했기 때문임을 앞서와 같이 알게 되었다. 역설적이게도, 시간을 쓸 때 자꾸만 차질을 빚는 문제는 한 번밖에 흘러가지 않는 시간을 반드시 효율적으로 쓰고 싶다는 강렬한 동기에서 나왔다. 게릴라 러닝은 이 동기를 실현할 수 있는 기술이다. 이 기술을 발전시켜 회사를 차렸고, 주변과 나누며 성장하는 회사의 이름을 따서 이 학습법에 붙였다. 그리고 회사인 게릴라에는 출근 시간도 별도로 정하지 않았을 만큼 규칙이 없다.

출퇴근 시간은 고사하고 자신이 원하는 다른 사업과 겸해도 좋다. 중도에 못 마친 학업이 있어 도전하고 싶다면 몇 년이고 기한 없이 쉬어도 좋다. 한국에 와서 함께 일하고 싶다는 외국인의 요청에는 워킹홀리데이 비자를 신청하는 방법을 알려주면서 채용할 자리를 만들어본다. 주거비를 감당하기 어려울 것같다면 매일 강아지를 산책시켜주는 대신 주거 자리를 추가로 마련해준다. 소비자를 위한 서비스를 만들어내는 방식도 비슷하다. 온라인을 기반으로 진행하는 수업이지만 오프라인 행사를 서울에서 하고 있는데, 서울에 살지 않는 수강생들이 자비로 서울까지 이동하는 경우가 늘어나 대전에서 진행하는 수업을 추가로 기획했다. 미리 규칙을 정해두지 않는 유연한 흐름에 유일하게 존재하는 원칙이 두 가지 있다면 변칙성과 자율성이다.

결심과 실행 사이의 간격을 좁게

변칙성은 원칙에서 달라진다는 뜻으로, 미리 정해둔 규칙이 언제든 깨어질 수 있다고 여기고 별다른 규칙을 정해두지 않는 것이다. 자율성은 자기가 정한 대로 스스로 움직이자는 것이다. 이를 합하면 규칙에 얽매이지 말고 알아서 판단하고 행동하자는 뜻이다. 이 두 가지를 중요하게 생각하면 즉흥적으로 움직일 수 있다. 어디서든지 즉시 생산할 수 있다. 배움에 있어서는 바깥의 규칙에 매이지 않으므로 순간을 살아가는 자신의 흥미만을 동력으로 삼아 속도가 빨라진다.

앞서 간단히 소개했지만, 통번역대학원에서 석

사를 하는 동안 단독저 3권, 공저 1권, 번역서 4권을 작업했다. 그 이후에 석사를 한 번 더 하면서 출판 활동을 비슷한 강도로 이어갔다. 5년간의 활동이 온오프라인에서 자주 드러나면서 어떻게 하면 생산성을 높일 수 있느냐는 질문을 받는 일이 잦았는데, 한 번 '결심과 실행 사이의 간격을 좁게 만든다'는 답이 화제가 된 적이 있었다. 나의 답이 화제가 된 까닭은 보통은 그 간격이 멀기 때문일 것이다. 간격이 먼 까닭은 실행까지 다다르는 길이 규칙으로 길어졌기 때문일 수 있다. 그러나 규칙은 짐이다.

신속하게 배워야 생산성이 높아진다. 신속하기 위해서는 가벼워야 한다. 조직에서 발상을 떠올린 사람 위로 결재받아야 할 이름이 많아지면 진척이 느리듯이, 나 자신의 생각과 움직임에서도 마찬가지다. 결심이 떠오른 즉시 최종 결정을 내려주어야 외부의 규칙에 짓눌리지도, 그 무게에 은근히 의지하면서 관성적으로 머무르지 않은 채 튀어나갈 수 있다. 꼭 하지 않아야 되는 이유가 없을 경우 행동하면 행동이 빨라질 수밖에 없다.

잔뜩 눌러 담다가는 엎질러버리기 쉽듯, 한 번에 여러 사건을 일으키는 동시성은 분명 다루기 힘들다. 그러나 불가능하지는 않기 때문에 욕심만 앞선다고 비난하거나 낙담하기는 이르다. 한 번에 두 언어가 머릿속에서 충돌한다면 한 언어도 제대로 말할 수 없겠지만, 그 둘을 움직이는 요령을 잘만 터득한다면 통역사라는 전문직이 될 수도 있다. 언어를 하나보다 많이 아는 게 문제의 원인은 아닌 것이다.

나의 경우 동시성을 잘 다루는 방법을 터득하고자 노력하는 이외에는 별다른 규칙에 따르지 않고 살았다. 규칙 없이 원하는 대로 움직이면서 새로운 지식을 배우거나, 배우는 내용을 옮겨가는 속도를 빠르게 만드니 같은 시간 안에 일어나는 사건의 수를 늘릴 수 있었다. 예를 들어 나는 한 해에 독일어와 영어, 프랑스어를 동시에 학습했고, 직원들도 동시에 두 언어를 배우면서 무리 없이 성과를 내고 있다.

규칙을 버리고 속도를 올린다

시간 관리를 단념한다는 결정은 하도 오래 뇌었기에 사람들이 시간과 호기심을 다루는 내 방식을 의아하게 생각하는 이유를 사실은 잘 몰랐다. 내가 프랑스어 수업에서 문법을 가르치지 않는 까닭도 마찬가지로 의아하게 여겨지는데, 그 이유는 사실 시간이나 호기심을 대할 때와 똑같다. 문법도 규칙이기 때문이다. 학습에서 속도를 올리고 싶은 경우, 규칙은 언제나 짐이다. 뒤에서 더 자세히 소개하겠지만 문법을 가르치지 않으면 처음 배우는 성인들도 상대적으로 더 빠르게 프랑스어를 구사할 수 있게 된다. 구사한 결과는 오히려 더 자연스럽다. 문법을 가르치지 않는 것도 나에게는 당연했기 때문에 여기에 대해서도 설명이 필요하다는 걸 뒤늦게 알았다. 그러다가 내 방법론에 대한 수강생들의 의아함을 완전히 이해하게 된 일이 하나 있었는데, 바로 다이어트였다.

체중 감량이 요원하게 여겨지기도 했고, 사회가 여성에게 요구하는 몸무게가 여성 본인의 건강과 생활에 유리하지 않다고 생각해 그냥 살았다. 그런데 최근 체중계에 올라가고는 상상도 못 한 수치 앞에서 당장 대책을 강구해야 한다고 마음을 먹게 되었다. 그런데 이때 규칙을 버려서 속도를 올리는 나의 방법론이 탄수화물을 덜 먹는다면 지방을 많이 먹어도 좋다는 저탄고지 다이어트처럼 받아들여진다는 걸 깨닫게 되었다.

저탄고지 다이어트는 탄수화물을 적게 먹고 지방을 많이 먹는 식이요법이다. 사람이 통념에 따라 먹고 싶은 음식을 참는다고 결과적으로 건강해지는 건 아니라고 주장한다. 오히려 참거나 고통스러워하는 대신 맛있는 음식을 많이 먹어도 좋다고 허용한다. 이 말에 많은 사람들이 혹하면서도 의심했는데, 게릴라 러닝이 규칙에 대해 품은 생각도 기본적으로 이와 비슷하다.

　한 번도 제대로 시도한 적 없고 자신도 없는 체중 감량을 주제로 친구와 이야기를 나누면서, 내가 그동안 왜 다이어트를 시도조차 하지 못했는지 알게 되었다. 규칙을 기억하고 지키는 데 취약한 내게 다이어트는 음식의 지엽적인 이름들을 전부 기억하는 일과 같았다. 판단하기 어려운 수많은 기준으로 결정된, 먹어도 되는 음식과 안 되는 음식 사이에서 혼란에 빠지며 스트레스가 폭발한다. 게다가 규칙에 대한 강박과 반항심이 동시에 있는 나 같은 성격은 다이어트에는 특히 최악이다. 먹어서는 절대 안 된다고 생각하고 숙지하려고 노력하다가 동시에 '왜 못 먹어!'라면서 입에 넣는다.

　이는 외국어 학습에 대해 수강생들이 보이는 패턴과 완전히 똑같았다. 수강생들은 지엽적인 어휘나 문법에 얽매이면서 규칙을 완전히 익히지 못해서 불안하고, 그래서 언어 실력이 상승하지 않는다고 말한다. 그렇게 학습을 시도해보려다 결국 스스로를 탓하며 포기하고, 자신의 의지박약을 탓한다.

그런데 체중을 일정 정도 감량해야겠다는 내 말에 친구는 자신이 좋아했고 체중이 너무 많이 빠져서 무서울 정도였다는 한 식이요법에 대해 알려주었다. 이 방법은 저탄고지는 아니었고, 과일과 채소를 주로 먹는 방식이었다. 이때 친구가 내게 들려준 말이 인상적이었다.

> "네 몸에 나쁜 음식은 원래 네가 알아낼 수 있어. 그런 거 먹는 거 네가 피곤해서 그래."

이 순간, 갑자기 새로운 걸 배우고 싶어 기웃거리는 지적인 호기심이 식욕처럼 단속당해 마땅하게 다루어지는 경우가 많았음을 알게 되었다. 프랑스어를 배우고 싶은데 어려워서 못 배우겠다는 수강생들에게 나는 이 친구와 똑같이 답했기 때문이다.

> "우리는 원래 전혀 모르는 언어를 직접 배워갈 수 있는 힘을 가지고 있다. 망하는 건 겁을 내서일 뿐이다."

그럴 때마다 수강생들에게 내가 들은 답은 '제가

잘못 배우면 어떡하죠?'였는데, 친구의 이 말을 듣자마자 내 입에서 나오려고 했던 문장은 '만일 그냥 먹으면…… 잘못된 걸 먹으면 어떡하지?'였다.

분열에 맞서 충동대로 움직인다

나는 지적인 충동을 억제한 적이 없었다. 규칙을 붙여서 느리게 만드는 대신 규칙을 없앤 곳에 머물 수 있도록 움직였다. 그러다보니 지적인 호기심이 성취를 방해할 수 있다는 전제를 이해하지 못했던 것이다. 돌이켜보니 살이 불필요하게 쪘던 것도 필요한 걸 충분히 먹을 때가 아니라 식욕을 억제하려다가 포기한 순간들이 모여서 만들어졌다. 그간 모든 종류의 정신적 충동을 반갑게 여겼으면서도 먹고 싶은 충동만큼은 길들여야 하는 짐승 혹은 무절제한 어린애처럼 생각했는데, 그건 식욕을 너무 풀어두어서가 아니라 충분히 믿지 않은 결과였던 것 같았다.

충동을 풀어두면 산만하게 움직인다. 게릴라 러닝은 내면의 움직임을 외부의 규칙으로 누르는 대신 차라리 더 빠르게 움직이도록 부채질한다. 의식이 충동을 질책하듯 억누르면 억눌린 충동은 복수하듯 날

뛰기 때문이다. 억눌리고, 날뛰고, 질책당해 마땅해지는 술래잡기는 끊을 수 있다. 충동은 산만하게 발산될지언정 자신을 망치게 움직이지 않는다. 다만 이것이 능숙해지기 위해서는 움직이도록 내버려두는 시간이 필요하다. 그래서 나는 성인 수강생들에게 프랑스어 문법을 가르치는 대신 언어를 이해하도록 충분한 시간을 준다. 그게 평균적으로 1년이 소요되는 수준에 그 절반 이하의 시간 안에 이를 수 있는 유일한 비결이다.

스스로를 믿지 못하고 외부의 규칙에 따라서 억제하려는 건 내면에 정리되지 않은 무절제를 방치하는 일이다. 말을 알아듣는 순간이 올 때까지 기다리는 대신 남이 요약한 정리본을 보고 숙지하려 들다보면 언어 구사를 하는 힘이라는 핵심 문제가 해결되지 않는다. 어차피 미뤄둔 문제를 결국 해결해야 하는 사람도 자기 자신, 미룰수록 시간이 소요될 뿐이라는 걸 알고 나면 분열되지 않을 수 있다. 이를 깨닫자 얼마 되지 않은 시간 내에 3킬로그램이 빠졌다. 객관적인 수치보다도 식욕이라는 욕구 앞에서 스스로 분열되고 불신하는 시간이 사라졌다는 점이 만족스러웠다. 프랑스어 수업을 통해서 학생들이 말하는 감상도 이와 일치했다.

너무 많은 자유는 너무 좋다

회사 직원이 자신의 발전을 위하여 기한 없이 쉬어도 좋다는 이야기를 하면 사람들은 번번이, 그러다가 그 직원이 영영 돌아오지 않으면 어쩌느냐고 묻는다. 그렇지만 나는 사람의 자율성을 믿는다. 그 자율성이 늘 선한 방식으로 발휘되는 게 아님을 알아가는 사건들도 겪었지만, 규칙으로 매어두어봤자 사람은 자리에 앉아만 있을 뿐 속으로는 어차피 제가 원하는 대로 움직인다는 생각에는 변함이 없다. 그리고 이렇게까지 자유를 주는 공간을 버리고 갈 만한 곳이 마땅히 없지 않은가 싶다. 여러 우물을 파고 싶은 충동을 가진 사람이 지적 호기심이 향하는 어떤 곳이나 파고들 수 있고, 기왕이면 더 잘 팔 수 있도록 방법을 연구하는 공간을 떠날 이유는 없어 보인다. 그리고 만일 있다면 환영할 일이다.

실제로 회사의 초기 구성원이었던 한 직원은 회사의 구상을 같이 시작했으나, 원하던 대학교에 진학하는 꿈을 이루지 못해 입시를 다시 치르고 싶어서 전적으로 동참하기 어렵다고 말했다. 나는 그의 입시를 도와 편입에 성공시켰고, 직원은 학부에 다니느라고 회사를 잠정적으로 쉬다 현재는 방학에만 일하고 있다. 성인들에게 문법을 빼고 프랑스어를 빠르게 가르치는 학습 전략인 용꼬리반이 바로 이 직원의 입시를 돕는 과정에서 생겨났다. 다음 장은 게릴라 러닝을 적용해 많은 성인 수강생들을 만나고 있는 용꼬리반의 탄생에 대하여 이야기한다.

6. 게릴라 러닝의 적용:
용꼬리반의 현실적인 기적

충동은 산만하게 튀어나간다. 이 움직임을 단속하려는 시도 없이 대충 내버려두다, 필요한 때에 따라서 뛴다면 기왕 가장 높이 그리고 빠르게 뛰는 게 좋을 것이다. 게릴라 러닝은 지금 있는 영역과 무관한 곳으로 튀어나간 충동을 집어넣는 대신, 뛰는 속도를 높일 방법을 강구한다. 나라는 사람이 만들어낼 수 있는 상승 폭을 최대한 높여보는 것이다.

상승 폭이라는 단어를 생각하니 중학교 시절, 육상부로 제법 유명했던 학교의 높이뛰기 선수로 발탁되어 하루 훈련을 했던 기억이 난다. 그때 운동장에서 훈련을 받는데 가슴이 벅차 영원히 이 연습을 계속하고 싶다고 생각했다. 그러나 집에서는 육상부가 웬 말이냐고 야단이었고, 수능 시험을 잘 보아야만 한다고 혼이 나면서 훈련은 그날로 끝이 나게 되었다. 육상을 그만두게 된 데 대한 불만은 크게 없다. 하지만 프랑스어 수업인 용꼬리반을 진행할 때마다 자꾸만 공부를 체육에 빗대어 설명하곤 하는데, 아마도 그날 품었다 끝난 꿈이 외국어라는 분야에서 실현되고 있어서인지도 모르겠다.

충동을 가두는 대신 이왕이면 최대한 쓸 만하게 만드는 게 낫다고 생각하는 이유는 우리가 결국 이렇게 눌러둔 충동에 대해서만 중얼거리기 때문이다. 내 직업은 작가, 프랑스어 번역가, 여성 교육, 카페와 같이 여성들이 한 번쯤 꿈꾸었던 분야에 걸쳐 있다. 그러다보면 '나도 예전에 그렇게 하고 싶었는데……', 하는 눈을 만나게 된다. 이 장은 다른 사람들과 마찬가지로 나에게 그런 말을 건넸던 어떤 눈에 대한 이야기이다. 게릴라 러닝의 전략을 처음으로 타인에게 활용해본 사례였고, 이 사례는 프랑스어를 가르치는 용꼬리반의 전신이 되었다. 국내 대학 편입 입시와 프랑스어에는 연관성이 없다. 그러나 처음부터 말했듯 이 이야기의 가장 큰 장점은 어떤 외피로든 갈아입을 수 있다는 것이다.

'공부만 실컷 할 수 있다면……'

직업상 근 10년간 정말 많은 성인 여성들을 만났다.

성인 여성들은 많은 경우 상급 학교에 가기를 무척 갈망한다. 돈을 벌면 배우는 데 쓰고 싶다고 하고, 유학이나 편입을 시도하고 싶어한다. 돈을 아주 많이 벌면 학교를 짓고 싶다고 할 정도로, '공부만 실컷 할 수 있다면 원이 없겠네!'라면서 배움에 대한 갈망을 속으로 하염없이 불태운다. 마치 일이나 가족이라는 방해물만 없다면 도서관에서 절대 나오지 않을 것처럼 말하고, 언젠가는 꼭 입시를 치르고 싶다고 말한다. 배우는 쪽보다는 소수지만 직접 사업을 하고 싶어하는 경우도 많다. '자본만 있다면 무조건 성공인데'라고 말하는 식이다.

두 경우 모두 직접 뛰어들지 않으면 시간이 아무리 흘러도 똑같은 말을 중얼거리게 된다. 당장 뛰어들 경우의 기대효과로는 두 가지가 있는데, 하나는 성취가 생각보다 할 만하다고 느낄 수 있다는 것이다. 두 번째는 욕망이 현실화되면 상상보다 초라하다는 걸 깨닫게 된다는 것이다.

도서관에서 매일 살다시피 하며 공부에 매진하는 치열한 나에 대한 상상을 현실과 분리시키면 학교에 들어가기 위한 필수 관문인 입시의 문턱을 영원히 넘을 수 없다. 그러나 막상 입시를 시작하면 일정이 어그러지는 일이 매일 생긴다. 어느 날은 깜빡 늦잠을 자고 어느 날은 몸이 아프다. 그러다보면 배움에 대한 갈망이 상상으로 남았을 때에 비해서 그닥 달콤하지 않다는 것을 알게 된다. 공부가 사실은 적성이 아니었나보다, 하고 좀이 쑤셔 일터로 돌아가기도 한다. 혹은 그런 지지부진한 시간을 거치다가 마지막을 놓치지 않았을 때 기적 같은 성과를 얻기도 한다.

시도하는 시점을 앞당긴다

내게 말을 건넸다는 눈의 주인과 나는 지역의 강연 기획자와 연사자로 만나 친해진 사이였다. 그는 지역 국립대를 성적 장학금으로 입학해 사회복지사가 되었다. 어떤 여성들은 이미 이 구절에서 책 한 권쯤은 거뜬한 이야기를 읽어낼 것이다. 그렇다면 그가 나를 보고 한 다음 말도 어렵지 않게 예상할 수 있겠다.

> "저도 고등학생 때 작가님 나온 대학에 너무 가고 싶었거든요."

아직도 지역에 사는 많은 젊은 여성들이 서울로 대학을 가고 싶다는 욕망을 접어야 한다. 혼자 서울로 보내기 위험하다는 안전, 혹은 집안 살림이 빠듯하니 다른 가족 구성원을 위해서 양보하라는 경제적 이유가 주된 서사로 등장한다. 일정한 지적 성취를 거두고도 가정에서 '좋은' 학교로의 도약을 좌절당한 여성들에 대한 인터뷰를 서른 건 정도 진행한 적이 있었는데, 심지어 2000년생 여성도 똑같은 경험을 들려주었다. 모두가 오래전 이야기 아니냐 물었지만, 서사가 한물간다고 사람들의 삶도 같은 속도로 이동하는 건 아닌 것 같다.

"마흔이 되기 전에 수능을 칠 거예요."

경상도에서 사회복지사로 일하는 그는 자기 마음이 진심이라고 했다. 흔히 2030 여성들에게 마흔은 좌절된 꿈을 실현하는 기준점으로 통용된다. 게릴라 러닝은 하루 단위로 일정을 관리하면서 자잘한 시간을 저축하지 않고, 원하는 대로 시간을 쓰면서 발전하는 기술이다. 그러나 이 말이 꼭 시간이라는 자원을 허투루 쓴다는 뜻은 아니다. 오히려 몇 년씩 미루어질 수 있는 계획을 최대한 빨리 실현해 큼지막한 시간을 버는 데 집중한다. 마흔에 시도할 일을 스물아홉에 성공한다면 그 뒤로 5년쯤은 유유자적 여유를 부려도 좋을 것이다. 원하는 결과가 있는 게임을 해야 할 때는 시도하는 시점을 앞당기는 게 좋다. 그런 계산을 위해서는 몸이라는 나의 물질적인 현실에 깃든 시간도 고려해야 한다.

그는 체구가 작은 20대 후반의 여성으로, 이미 퇴근하고 돌아오는 것만으로 피곤해했고 자주 아팠다. 하루 일과도 감당하기 힘든데 40이 다 되어 어떻게 그 힘든 입시 공부에 돌입하겠다는 걸까? 강연을 마친 이후에 아주 친해지면서, 나는 그에게 게릴라의 구상을 전하며 같이 만들어보자고 했다. 그는 당장 몰두하자니 대학을 다시 들어가고 싶은 문제가 영 마음에 걸린다고 했는데, 입시에 도전하는 시점은 마흔 전 언젠가로 확실하지 않은 상태였다. 나는 그렇다면 지금 나이가 40살이 아닌 바에야 올해 시도하고 빨리 끝내는 게 낫다고 말했다. 나중을 굳이 기다리는 건 입시처럼 원래도 쉽지 않은 확률 게임을 더 불리하게 만들겠다는 이야기밖에 되지 않는다.

"그럼 올해 5월까지 직장에 다니다가 수능을 볼까봐요. 퇴직금이 그때 나와서요."

그가 원하는 대학은 연세대학교로, 열아홉 살이

전력으로 시도해도 한 번에 들어가기 어려운 대학이었다. 반년 입시 준비로 가능할까? 실현하지 못한 욕망에 대해 이야기를 나누다보면 계산이 분명치 않은 경우를 많이 발견한다. '왜요, 될 수도 있지 않을까요', 하는 대답은 '외국어를 기왕 새로 배울 거라면 완벽하게 해야 하지 않을까요', 하는 질문만큼 현실성이 없다.

기다리는 대신 확률을 높인다

연습량에 따라서 늘었다 줄었다 하는 기술인 외국어는 성긴 마음으로 시작해야 성취도가 올라간다. 정원이 정해진 입시는 합격할 수 있는 확률을 어떻게 해서든 떨어뜨리지 않는 게 좋다. 어떤 곳으로 이끌리고, 거기에 도전하겠다는 마음은 진짜겠지만, 그 뒤편에는 그래도 한 번 시도해봤다, 면서 시도를 추억으로만 남기고 싶어하는 마음도 진짜 있다. 만일 은근히 아련한 추억으로 남길 마음이라면 그만두자고 했더니 그는 납득했고, 퇴사하고 1월에 입시 준비를 시작했다.

그는 동거인과 대전에서 살고 있었고, 둘은 대학 입시에 성공해도 계속 동거할 예정이었다. 동거인은 그의 입시를 응원하며 구직을 하고 있었다. 나는 입시를 준비하는 그의 대전 집에 종종 놀러가 밥을 얻어먹고 때로 눈을 밟으며 산책도 했다. 그런데 막상 공부를 시작하니 그는 내 기준으로 볼 때 공부를 충분히 하지 않았다. 마땅히 필요한 수준보다 공부량이 적다는 점을 몇 번 눈여겨보았다. 그리고 이야기했다. 서울로 갑시다.

둘은 얼떨떨해했다. '서울에 아는 사람이나 갈 만한 동기가 없는데요.' 내년에 살게 될 대학 근처에 지금 직업을 구하는 게 낫겠다, 입시에 성공하면 거처를 옮기는 일은 어차피 일어난다, 대학 합격 이후 이사하고 직업을 구하는 임의의 수순을 기다리는 대신 대학 근처로 집부터 옮겨놓고, 아는 사람이 생길 시간도 확보하고, 직업도 구하고, 직장에 다니면서 입학을 하는 게 낫겠다, 입시를 준비하려면 지금 하라고 제안한 이상 내가 근처에 두고 좀 보아야겠다는 생각이었고 둘은 동의했다. 1월에 막상 입시 준비를 시작해보니 지금부터도 공부할 게 산더미인데 5월에 시작하면 어쩔 뻔했는지 실감했다는 것도 한몫했다. 그래서 그날 새벽에 바로 첫차를 타고 올라와 집을 얻었다. 내가 살고 있던 동네 주변으로 집은 내가 찾았고, 동거인의 보증금으로 계약했다.

그러다가 입시에서 떨어지면 어떡하고? 서울에 직장을 구해 산다고 아무 문제가 생기지 않는나. 서울이 싫으면 돌아가면 그만이고, 돌아가지 않고 서울에 살게 될 수도 있다.

입시 준비를 하는 내내 이런저런 사건이 생겼다. 그래서 서울에 온 이후로도 그는 내 마음보다 못 미치게 공부하는 날이 더 많았다. 준비 기간 내내 공부량이 아주 극적으로 오르는 일은 결국 없었다. 마음에 차지 않는 직장에 다니는 성인들은 그저 공부만 할 수 있다면 소원이 없겠네, 하고 입버릇처럼 말하지만 그 무렵 여럿을 데려다놓으며 본 결과 실제로는 절대 그렇지 않았다. 누구든 비슷하다. 결국 그의 수능 결과는 원하는 대학에 갈 수 있을 만큼 좋지 않았다. 고민하던 나는 제안했다. 같은 학교의 편입 논술 시험도 준비하자. 시험 한 달쯤 전이었다. 논술 시험에 대해서는 아는 게 없었지만 편입에 지원할 수 있었기 때문에 그때부터 준비했다. 기출 문제를 몇 번 보면서 시험 직전 며칠간 직접 가르쳤다. 그사이 나는 입시 공부를 가르치며 느낀 바가 있어 파리고등사범학교 박사과정에 지원해 합격해 프랑스로 가버렸지만, 줌으로 수업을 이어갔다. 그리고 그는 세 자리 중 한 자리에 합격했다. 동거인은 합격자들의 역량이 자신의 정량적인 스펙보다 일반적으로 높은 직장에 지원해 취직했다. 이때에도 그의 입사 인터뷰를 도와줄 사람을 찾으랴 예상 문제를 같이 준비하랴 바빴다.

이런 방법은 입시를 위해서 최선을 다한 사례이지만, 사실 그 기저에는 내가 산만하기 때문이라는 단순한 이유가 있다. 산만한 사람은 도통 잠자코 기다리지를 못하고 당장 뭐라도 해서 시간을 채워야 한다. 이 성향을 알고 있으니 현재 상태보다 높은 목표를 설정해두고 그 기준선에 도달하는 시간 내에 목표와 관련된 무엇이라도 시도하고 동원해가는 방식으로 효율을 끌어올린 것이다.

꼬리도 용이다

흔히 용의 꼬리보다는 뱀의 머리가 낫다는 말이 서울이 아닌 지역 여성들의 입시에서 자주 쓰인다. 점수를 넉넉히 받고도 합격 확률이 높은 학교로 하향 지원을 권하는 가족들이 특히 많이 쓴다. 그런데 나는 매번 듣는 이 말이 대체 무슨 의미인지 모르겠다. 실패를 감수하고 도약하려는 대신 작은 풀에서 이동하지 말라는 의미 이상을 읽어낼 수가 없다. 고르겠다면 무조건 용의 꼬리가 좋다. 꼬리도 용이기 때문이다. 턱걸이로 들어가서 버티다보면 역량이 올라간다. 서른이 다 되어서 새로 대학 입시에 도전하는 일을 비현실적이라고 속단하는 대신, 필요한 시간과 앞으로 미래의 나에게 쌓일 수 있는 시간을 현실적으로 계산해야만 나올 수 있는 주장이다.

그리고 그 주장은 현실로 입증되었다. 쟁쟁한 학생들이 모인 연세대학교를 다니는 첫 학기 동안 그는 적응하느라 힘겨워했고, 20대 초반을 기준으로 학교를 다니다가 벅차서 나중에는 휴학도 했다. 그러나 시간이 지나며 그는 게릴라 업무와 학업을 병행하고 방학에는 독일어도 배우면서 석사 유학을 준비하게 되었다. 석사 준비에서도 마찬가지로 가능한 모든 수단을 동원해 확률을 높인다.

겨울방학 동안 프랑스어 수업을 따라서 만든 독일어 커리큘럼대로 독일어 중급 수준에 해당하는 시험을 준비한다. 시험을 치른 다음 날, 진학을 희망하는 대학 근처에서 3주를 보낸다. 비행기표는 회사에서 지원하고 체류비는 독일어 스터디를 이끌면서 마련했다. 그렇게 3주를 굳이 해당 도시에서 보내고 나면 석사 진학은 꿈에서 현실로 훨씬 가까워진다. 한 번에 진학에 성공하면 좋지만, 최악의 경우 석사 진학이 붙을 때까지로 밀릴 뿐이고 체류한 경험으로 독일어 실력이라도 늘 것이므로 체류비는 낭비라고 보기 어렵다. 3주쯤 괜히 독일에서 머무는 시간은 궁극적으로는 많은 시간 낭비를 줄여준다.

이처럼 입시와 취직 모두에서, 현재 실력에 맞춰 목표를 낮추는 대신 높은 목표를 설정하고 달성할 수 있는 확률을 어떻게든 높였던 이때의 전략을 용꼬리반이라고 불렀다. 이 학습 전략은 이후 프랑스어를 배우는 성인 수강생들이 비슷한 이유로 학습 효율을 스스로 저해하던 문제를 개선하는 데 쓰이게 되었다. 다음 장부터는 문법을 가르치지 않으면서 성인을 빠른 속도로 중급자로 만들어낸 용꼬리반 수업 설계에 포함된 요소들을 차례로 살펴보며 게릴라 러닝에 대한 이해를 높이고자 한다.

7. 용꼬리반의
M자 학습곡선

편입과 취업에 적용한 전략이었던 용꼬리반은 프랑스어를 처음 배우는 한국인 성인들의 학습에 적용하면서 본격적으로 구체적인 모습을 갖추게 되었다. 현재까지 약 800명의 수강생들이 프로그램을 경험했고, 4개월 반 만에 중급 수준인 B1에 다다른 수강생이 많이 생겼다. B1은 프랑스어 구사도를 6단계로 나눈 중 3단계이며, 일반적으로는 1년쯤 걸리는 수준으로 알려져 있다. 나 역시 프랑스어를 처음 접한 해로부터 3년쯤 되어 갖게 되었다. 일정한 자격 수준에 다다르는 데는 학습에 얼마나 참여했는지 혹은 언어를 받아들이는 개인 역량이 어떠한지에 따라서 편차가 있지만, 대부분의 수강생들이 자신이 가진 역량 내에서 상승 폭이 가장 컸다고 이야기했다. 그러니 일반적인 학습 경로를 절반 이상 단축했다고 말할 수 있다.

용꼬리반에서 학생들은 흥미를 우선시하면서, 완벽한 노력을 요구받지 않으며 대충 배운다. 그런데 시험 수준은 초급이 아니라 중급으로 높게 설정되어 있다. 프랑스로 유학을 가거나 캐나다로 이민을 가는 특별한 목적 없이 일상의 즐거움을 위해서 배우는 경우에도 자격증이 필요한 입문자와 별도의 구분이 없다. 모든 수업이 자격증 시험 일정에 맞추어 마무리된다. 이러한 요소를 갖춘 용꼬리반 프로그램은 학습 곡선의 설계에서부터 수업 내용까지, '대충 탁월해진다'는 게릴라 러닝의 지향점을 가장 잘 구현한다고 볼 수 있다.

용꼬리반의 학습곡선은 M자를 그린다. 이 M자는 성인들이 외국어를 배울 때 일반적으로 보이는 패턴이기도 하다. 게릴라 러닝은 개인의 움직임을 최대한 내버려두되, 성취로 마무리될 수 있는 방법을 약간 더한다.

초반에 반짝

정확도: 문법을 빼고 글자를 미룬다

초반 한 달은 초심자의 열정으로 인해 참여도가 높다. 새롭게 배우는 외국어에 대한 호기심, 달라질 스스로

에 대한 희망으로 반짝거린다. 나는 자연스럽게 생겨
난 열정을 최대한 지속시키고, 앞으로 더욱 정확하게
프랑스어를 구사하도록 문법을 가르치지 않으면서
글자 읽기를 두 달간 미룬다.

　불필요한 단계를 뛰어넘어야 더 빠를 뿐 아니라
정확해질 수 있다. 그래서 나는 문법을 가르치지 않는
다. 정확히는 프랑스어를 배운 지 1년쯤 될 때, 날을
잡아 하루 동안 가르친다. 다른 모든 언어가 그럴 거
라고 생각하지만, 경험을 오래 한바 프랑스어는 확실
히 그래야 더 효과적이라고 말할 수 있다. 말을 하게
만들기 위해서 언어에 대한 지식을 강의 형식으로 전
달하는 행위는 불필요하다. 최근의 언어습득학 연구
에서도 언어에 '대한' 지식과 언어'로' 소통하기를 구
분하는 경향이 드러나고 있다. 문법을 빼는 건 언어에
대해 설명하는 대신 언어로 소통하는 데 치중하기 위
해서다. 이 접근은 생전 처음 프랑스어를 배운 입문자
들이 네 달 안에 프랑스어로 더듬더듬 대화를 해나가
고 일기를 쓸 수 있게 성장해나가는 것으로도 입증되
었다.

　개인적으로는 무엇보다 다른 기관에서 스스로를
한심하게 느끼고 주눅들면서 프랑스어를 배운 학생
들도 이 방법으로 처음 입문하는 게 좋았겠다고 말했

다는 점에서 더 신뢰할 만했다. 프랑스어는 유독 초심자에게 냉랭한 언어다. 처음에는 그 이유가 문법 수업과 주입식 교육을 중심으로 해 발화를 두렵게 만드는 한국의 외국어 교육 문화에 있다고 생각했다. 그러나 프랑스인들도 모국어를 혹독하게 배운 유년기를 거쳤다는 이야기를 들으면서는 프랑스에도 원인이 있다는 걸 알게 되었다. 그러니 프랑스어를 배우는 한국인의 마음은 오죽할까.

'의식은 육체의 굴레에 갇혀'라는 제목의 수전 손택의 일기를 좋아했는데, 한국인의 프랑스어 학습은 반대로 육체가 의식의 굴레에 갇혀 있다고 보아야 한다. 수치심과 긴장감, 불안과 같이 수축을 유발하는 감정에 갇혀 있다. 그러나 성장은 그와 반대로 팽창하는 방향이다. 따라서 외국어를 익히는 데 도움을 주는 선생은 그 굴레를 적절히 벗기는 데 개입해주어야 한다. 언어에 대한 모든 정보를 주기보다도, 정보를 전부 흡수하려 드는 학습자를 적절히 막아주어야 한다. 그리하여 초반에는 언어에 대한 정보를 얻고 싶어하는 마음을 막고, 자신의 몸이 머리로 획득한 정보를 정말로 구현할 수 있는지에 집중하게 해서 발음 훈련을 중점적으로 진행한다. 초심자는 자신의 몸에 많은 관심을 기울이면서 스스로 바로잡아 나가야 하고 나는 수업 시간에 이 연습을 수월하게 할 수 있도록 가이드를 제공한다.

언어는 경험으로 체득하는 기술인바, 자칫하면 학생은 언어를 '하는' 순간에 대한 경험을 쌓는 대신에 오류를 범한 데 대한 공포스러운 감정만을 축적할 수 있다. 그래서 결국에는 더 오래, 더 많이 틀린다. 그래서 나는 일부러 문법을 가르치지 않으면서, 학생이 범하는 오류를 너무 많이 알려주지도 않는다. 언어를 익혀가는 과정에서 적당한 오류가 섞인 문장을 말하는 건 큰 문제가 없을뿐더러 학습 효과를 내는 데 필수다.

외국어를 배운다는 말을 그 언어 체계 내의 모든 어휘를 알아야 한다고 받아들이면 누구나 엄두가 나지 않을 것이다. 언어는 생명을 가지고 있어서 시간이 지남에 따라 계속 태어나고 변형되고 합쳐지고 잘라지므로 아무도 완벽히 배울 수 없다. 그래서 완벽함과 탁월함은 동의어가 아니고, 탁월함은 어느 정도의 공백을 당연하게 여길 때 도달 가능하다. 게다가 외국어에서 완벽한 구사라는 말은 말 속에 끼어 있는 버벅임, 말줄임표, 순간적인 오류마저도 모사할 수 있을 때 붙일 수 있을 것이다.

중반에 느슨

속도: 결석을 권장한다

물론 외국어는 숙련에 꽤 긴 시간이 걸리는 기술이기는 하지만, 반드시 아득한 시간이 걸리는 건 아니다. 중반은 발음 훈련으로 정확한 기틀을 닦아놓은 이후, 해당 언어로 하는 소통을 빠르게 만드는 구간이다.

그런데 용꼬리반 학생들이 짧은 기간 안에 성취를 이루었다고 하니 하루 종일 프랑스어에 매달린다고 오해하기 십상인데, 학원을 다니는 모양을 보면 무척 대충 다닌다. 특히 첫 한 달에는 열심히 출석하다가 그다음에는 흐지부지되는 듯하다. 나는 이때 참여를 독려하기보다 중반에는 출결 여부에 연연하지 않기를 적극 권유한다.

학습하는 모든 시간 집중할 필요는 없다. 학습에서는 다른 영역으로 나다닐 여지를 확보해야 지치지 않고 배우던 영역으로 다시 돌아올 수 있고, 그렇게 돌아왔을 때 이도 저도 아닌 사람이 되지 않고 자기 분야를 가질 수 있다. 예를 들어서 나는 통번역대학원에 들어가자마자 책을 쓰게 되었는데, 그때 일주일에 2~3회씩 꼬박꼬박 대중 강연을 다녔다. 그러는 동안 프랑스어에 소홀했지만 그때 쌓은 역량으로 다시 프랑스어라는 분야로 돌아오니 성인 여성들이 대부분인 프랑스어 수업을 더욱 수월히 진행할 수 있었다. 수업에는 프랑스어 지식뿐 아니라 수강생과 말로 소통하고 교감하는 능력이 필수이다.

성인이 되어 새롭게 무언가를 배우는 건 어차피 그 자체로 무리다. 새로 외국어를 시작하자마자 그 분야에서 완벽을 목표로 삼기까지 한다면 자꾸만 완벽하지 않은 과정을 고쳐보겠다고 애쓰다가 성취가 뒷전일 수 있다. 용꼬리반 프로그램이 4.5개월을 한 단위로 삼는 이유가 이것이다. 수업을 월별 결제하는 건 불가능하다. 등록할 때부터 중간에 느슨해질 수 있음을 스스로 인정하고, 마지막에 만회할 수 있을 만한 시간까지 확보해두지 않으면 결석이 마치 커다란 오점이나 되는 듯이 여긴다. 스스로에게 벌을 주듯 취미로 시작한 학습을 중단하게 된다. 그러나 어설픈 중간을 견디는 건 큰 힘으로 돌아온다.

나는 적은 노력으로, 짧은 기간에, 높은 성취까지 도약하는 방법을 연구하지만 한 번 연습할 때 너무 짧은 시간을 할애해서는 발전하기 어렵다고 본다. 그렇다고 무턱대고 하루에 6~7시간씩 공부하는 것도 현실적이지 않다. 다만 한 번 시작해서 몰입해 적절한 발전을 이루어낼 때까지 들어가는 시간이 얼마나 될지를 연습 전에 정해두면 안 된다. 그런데 몰입이 이루어지고 충분히 연습되었다고 느껴질 만큼 시간을 할애하기에는 우리 모두 하루 안에 시간이 없다. 4.5개월이라는 제법 긴 기간을 한 단위로 만든 건 시간을 찾기 위해서였다.

하루를 기준으로 시간 관리를 하지 않는 내가 일정 시점이 지나고 나면 여러 가지 분야에서 성취를 이룰 수 있었던 핵심 비법이기도 하다. 나도 대학에 들어간 이후에 하루를 평면의 원으로 그려놓고, 24시간을 조각조각 쪼개놓은 시간표에 매달린 적이 있었다. 그러나 이런 방식의 이미지는 내가 배움에 쓸 수 있는 시간의 단위를 24시간으로 한정하게 한다. 하루가 지나가면 시간이 리셋되는 방식은 시간이 가진 보다 입체적인 속성을 활용하지 못하게 한다. 이를 활용하는 방법은 하루의 시간표를 여러 장으로 합쳐놓음으로써 찾을 수 있다. 나는 하루를 3일 혹은 1주일과 같이 연속으로 묶는다. 그럼 평면의 시간에 입체성이 생겨난다.

프랑스어를 두 시간 통으로 연습한다고 해보자. 하루를 세 번 도는 동안 한 번도 나지 않았던 시간이 3일 안에 한 번은 날 수 있다. 3일로 되지 않는다면 1주일. 10일 안에 두 번을 찾을 수도 있다. 그렇게 생각하면 한 달 동안 미비했던 출석을 세 달 반 안에 따라잡는 건 한 달 안에 만회하는 것보다 더 쉽다.

그리고 다시 낱장의 원형이 아니라 입체적인 원통형의 시간에 내 실력 발전을 기준으로 한 임의의 매듭을 몇 개 만든다. 나는 갑자기 드럼에 꽂혀 1년간 드럼을 배운 적이 있다. 연습실에 가야만 연습할 수 있는 악기의 특성상 매일 시간을 찾을 수는 없었다고 해도, 1년 안에 발전에 필요한 단계 몇 개가 들어갈 만큼의 시간을 최종적으로 확보하면 충분했다.

한 달짜리 학원 수강권을 네 달 반으로 묶는 이유도 같다. 한 달짜리 커리큘럼을 네 번 반 시도할 때보다 네 달 반짜리로 이루어진 한 덩어리 안에서 우리는 더 많은 공간을 확보할 수 있다. 시작이 어그러지면 버려버리는 대신 마지막을 성실하게 채워가면서 매듭을 지으면 처음 목표에 가까워질 수 있다.

태도: 되는대로 듣는다

'되는대로 듣기'는 수업 참여도에 대한 말이기도 하고, 아직은 낯선 프랑스어를 접할 때 필요한 태도이기도 하다. 발음 훈련을 한 다음에는 내가 프랑스어로 곧바로 말을 건다. 학생들은 그렇게 말을 거는 나를 대화 상대로 받아들이고 소통해야 한다.

문법을 모르면 어떻게 말을 해요? 하는 질문이 나올 수 있다. 답은 간단한데, 말을 하려고 들지 않으면 말을 만들어내는 법을 몰라도 괜찮다. 소통에 반드시 말이 필요한 건 아니다. 그래서 말을 만들어낼 수 있을 때까지 말을 가르치지 않는다. 나는 학생들에게 이렇게 이야기한다. 말하지 않아도 되니 그냥 웃으세요.

그래도 말하고 싶은데 어떻게 해요, 이 문장을 어떻게 말해요? 하고 물어보는 학생들도 물론 많다. 그러나 언어는 기본적으로 상호작용이고, 상호작용은 전과 후를 가진 과정인데, 몰랐던 한 문장을 말하는 법을 알아낸다고 해도 대화는 바로 또 끊긴다. 저는 한국인입니다, 하는 문장을 잘 말해보자. 남한? 북한? 하면 남한에서 왔다고 해야 한다. 잘 구사한 한 문장을 말할 줄 안다면 상대는 그와 비슷한 수준의 문장으로 대화를 이어나갈 수 있을 거라고 기대한다. 나는 학생들이 한 문장을 준비해서 다음 문장에서 끊기는 대신 앞으로 프랑스어라는 상호작용을 수월히, 그리고 훌륭히 헤쳐나가기를 바라기 때문에 대답한다. 일단 쭉 들으세요.

언어라는 건 즉발한다. 폭발하고 사라진다는 뜻이다. 한 가지 언어를 30년 넘게 써왔다고 해도, 반가운 친구와 수다를 시작하면 우리는 결코 깔끔하게 말할 수 없다. 펑, 아니, 펑, 그래가지고, 펑, 더듬더듬, 하면서 그 자리에서 조금씩 수정해나가며 너를 만나 반갑다는 감정과 쌓인 이야기가 담긴 폭죽을 연이어 터뜨린다. 이에 대비하자면 완벽히 구조에 들어맞는 문장으로만 말하는 경우가 더 낯설게 들린다. 청자도 무리 없이 빠르게 연발하는 폭죽의 빛깔과 의미를 알아듣는다. 무슨 말인가 싶다가도 귀를 기울이면 이내 끼워 맞춰진다. 걔가 누구라고? 하고 한 박자 쉬고 아아, 해가면서. 이야기에 등장하는 '걔'와 '쟤'가 각각 어디 사는 누구인지 집중해서 듣다가 가끔 놓치기도 한다.

프랑스어를 들을 때에도 같은 자세가 필요하다. 외국어 학습에 적용할 때, 게릴라 러닝은 미리 존재하는 규칙에 충실하면서 귀로 들은 한 문장을 머릿속에서 글로 옮기고 읽어내는 데 한정 없이 시간을 쓰기보다, 귓가를 스쳐 지나가는 발화들을 놓쳐도 개의치 않고 총체적으로 이해하기를 중요시한다. 그래야 신속성이 올라간다.

재빠른 폭죽들을 쏘아 올리기도 하고 구경하기

도 하면서 대화에 심취해 있는데, 지나가던 한국어를 공부하는 외국인이 나의 문장을 녹화해 교본 삼아 연습하겠다고 카메라를 들이대보라. 축제는 일거에 멈추고 부릅뜬 한 쌍의 눈만이 적막하게 나를 응시한다. 적당한 버벅임이 섞여 무리 없이 이해되며 흘러가던 문장이 완벽히 구조에 들어맞는지 스스로의 문장을 돌아보려는 시도 때문에 더 망가진다.

이 말을 '반복된 청취 훈련을 통해서 귀를 먼저 트면 좋다는 거군요', 하고 이해하기에는 무리가 있다. 나는 학생들에게 내가 말하는 문장의 의미를 따로 알려주지 않는다. 그리고 매 버전 다른 말을 한다. 학생들은 몸짓과 어조, 뉘앙스, 얼굴에 담긴 나의 기대를 읽고 추측해야 한다. 거기에 비언어적 반응을 할 수 있는 정도면 훌륭하다. 외국에 나가서 카드를 내밀고 점원이 무어라 말하면 '무슨 소리지?' 하고 '에라, 모르겠다', 웃어본 적 있을 것이다. 비언어적인 반응으로 통하는 법을 익히고 나면 무작위로 쏟아지고 난생처음 들어보는 소리의 폭죽놀이 안에서 그래도 어떻게든 이렇게 있기라도 하면 되겠다는 느낌이 온다. 언어적인 반응은 그 위에 겹겹이 쌓아가면 된다. 계속 다른 말을 들려주므로 언어에 시험 범위라는 건 존재할 수 없음을 조금씩 느끼면서, 모든 대화가 범위 바깥에 위치할 수밖에 없는 언어의 속성을 익숙하게 여기게 된다. 모든 단어를 배우려는 대신 배우지 않은 것에 대해 태연해지는 자세를 익히는 시간이다.

그러다가 해석을 잘못하면요? 정정하면 된다. 물론 수업에서 나는 아주 높은 확률로 추측이 맞아떨어질 만한 이야기로 시작한다. 그런데도 예를 들어서 과자를 가리키고 나를 가리키면서 말을 하면, '내가 사온 과자니까 네가 먹어라' 하는 말인가 싶을 수도 있고 '이 과자를 나를 주세요' 하는 말일 수도 있다. '나보고 먹으라고요?' 해서 까서 먹는다고 치면, '아니, 저를 달라고요' 하고 한국말을 사용해서 정정할 수 있다.

한국인들이 한국어로 소통하면서도 서로 다른 이야기를 하고 있는 경우도 많다. 오해는 발생한 한두 단계 뒤에 풀면 된다. 한국어라는 한 우물을 32년 파오고 수많은 대화 상대와 수도 없는 스피킹과 리스닝을 해본바, 오해는 어휘의 뜻을 서로 똑같이 공유하고 있지 않아서만 생기는 건 아닌 것 같다.

에라, 모르겠다 하며 웃다가, 갸웃거리면서 과자를 깠다가 줬다가 하던 학생들은 내가 한다 싶은 짧은 길이의 말을 내가 하던 때와 비슷한 상황에 끼워 던져본다. 자신들이 기대한 반응을 내가 하면 이게 맞구나, 하면서 깨닫고, 각인한다. 그러다보면 뜻을 말해주지 않아도 알게 되는 단어들이 이미 많이 생겨난다.

이러다가 문법에 맞지 않는 말을 하게 되면요? 그 단계는 필수다. 문법적 오류가 담긴 말을 '중간언어'라고 한다. 언어습득학 연구에서도 중간언어를 잘 거친 사람들이 언어를 잘 말할 수 있다고 하는데, 권위 있는 연구를 따로 인용하지 않더라도 중간에 '엄마 아빠 사랑헤요'라는 편지를 건너뛰고 '어머니 아버지, 어느덧 어버이날이 왔네요' 하는 편지를 쓸 수 있는 사람은 없다. 외국어가 어려운 이유에는 여러 가지가 있겠지만 큰 부분이 이 단계를 거쳐서는 안 된다는 생각 때문에 생긴다. 발을 떼지 않고 점프해야 하는 식의 모순적인 굴레에 갇히는 것이다. 따라서 내게는 오류를 만들게 하지 않고 언어를 가르칠 수 있는 방법은 없다.

게다가 한국인 학습자의 프랑스어 입문 단계라는 구체적인 상황에서는 학습자가 외국어에 대한 불안을 가질 확률이 높으므로 언어학적 지식을 의도적으로 배제하는 게 낫다고 본다. 한국인 성인들은 다른 분야 혹은 다른 언어에 대한 지식을 체계적으로 공부하는 태도가 대체로 몸에 배어 있다. 그렇기 때문에 문법에 대해 조금이라도 언급하면 곧바로 필기구를 꺼내 드는 익숙한 무드가 된다. 그러나 학습자도 사실은 익숙한 상태에서 벗어나 언어 자체에 노출되고 싶은 욕망이 크다. 엄밀하게 구분되는 건 아니지만 학습은 의식적인 배움으로, 습득은 자연스럽게 획득되는 행위로 구분해서 이야기하자면, 학습자들도 전자가 후자를 막는 요인이라 이야기한다. 노트 정리만 잘하지 말은 나오지 않는 게 문제라는 고민이 많다. 하던 방식대로 학습해서 편하다 하여 결과적으로 불편감이 덜어지는 건 아니기 때문에 문법은 이때에도 설명하지 않는다.

그러다보면 대답을 모방하는 정도를 넘어, 직접 자신의 의사를 문장으로 표현하는 날이 자연스럽게 오게 된다. 그럴 때에는 말을 쓸 수밖에 없는 환경을 만들어 학생을 적절히 궁지에 몰아넣어 발화를 촉발시키는 게 좋다. 수업 중에 시장놀이라는 걸 하는데, 원어민을 데려와 상인 역할을 시키면서 학생들이 정말로 물건을 사게 한다. 원어민은 발음이나 오류를 고쳐주는 정도 외에는 그다지 개입하지 않는다. 다만 연습하는 상황이기 때문에 학생이 시도하는 말의 메시지를 잘 알아듣는 데 주목하는 훈련을 미리 받는다. 소통에 대한 의지가 없는 현지인을 만나기가 일쑤이기 때문에 이 상황에서는 그런 조건을 배제한다.

그러면 학생들은 물건 값을 깎아달라고 하기 위해서 '나는 불행합니다' 정도의 문장을 내뱉는다. 뜬금 없는 이 대사는 요리사 쥐가 등장하는 애니메이션 라따뚜이의 주제가에 나온 한 문장(Je suis malheureuse)으로, 수업 중 노래를 부르는 시간에 알게 된 것이다. 직업이 정말로 캐셔인 현지 직원이라면 알아듣지 못한다는 차가운 반응을 보일 확률도 있으나, 이 시간만큼은 대충 깎아달라는 말이겠거니, 하고 적극적으로 청취해준다.

모일 모시에 시장놀이를 하겠다고 하면 많은 수가 설레기보다는 패닉하면서 떨려한다. '나는 아직 말할 줄 모르는데' 준비하지 못한 채로 참석하고 나면 사실 물건을 사려고 소통하는 과정에서는 '이 책을 하나 사고 싶습니다' 하는 문장을 완벽하게 구사하기보다도 책을 하나 집어 들고, 점원에게 건네주고, '부탁합니다' 정도의 말만 하면 그만이라는 걸 깨닫게 된다. 실제로 한 연구에서도 아기들이 문장을 전부 음성으로 말하기보다는 손짓이나 물체 등을 어휘로 사용해서 문장을 만든다는 보고가 있다. 그래서 중간 단계는 내 안에서 프랑스 아기를 키우는 시간이다.

후반에 바짝

성취도: 마지막 2주간 매일 한 시간 특훈을 거친다

그러다보면 아기들은 특훈반에 집어넣어져도 될 만큼 성장한다. 최종적으로는 호텔에 묵는데 옆방이 너무 시끄럽다느니, 친구를 사귀어서 여행을 가려는데 내일은 비가 와서 여행을 미루어도 되겠냐느니, 바캉스를 가는 동안에 강아지를 좀 맡아달라느니 하는 표현을 할 수 있게 된다. 이런 이야기가 B1 등급에서 필요한 구술 주제다. 당연하게도 매끄럽지 않고 틀린 부분도 있다.

문법을 가르치지 않아도 시간이 지나다보면 얼추 맞는 말을 한다는 걸 알 수 있다. 그리고 내가 알고 있는 말이 틀렸다면 그걸 알아서 바로잡을 수 있는 언어 능력을 우리는 모두 내재하고 있다. 이 언어 능력은 보편적인 운동 능력에 더 가깝다. 운동 능력도 스포츠 스타가 될 수 있는 출중한 역량을 가진 사람이 있듯이 언어 역시 마찬가지일 뿐이다. 그리고 이런 능력은 학습자가 성인이라는 점에서 오히려 더 도움이 될 수 있다.

흔히 어린 나이에 외국어를 배우면 성취도가 높

고 성인은 자꾸 까먹어 괴롭다는 이야기를 한다. 성인이 되어서는 외국어 배우기를 포기해야 하는 듯 여겨질 때조차 있다. 경험상 20대 때 배우던 외국어는 소리가 그대로 감각적으로 들어와 박히는 경우가 많았고, 30대가 되니 그렇게 남는 흔적이 아무래도 옅다. 전에는 어떤 소리를 들으면 어떤 기관으로 어떻게 발성하는지 쉽게 모방할 수 있었는데, 지금은 분별할 수 있는 능력이 조금 떨어졌다. 어휘의 경우도 쉽게 말해 돌아서면 정말 더 빨리 까먹는다.

그러나 그런 문제가 외국어 수준을 높여가는 데 반드시 결정적이지는 않은 듯하고, 훈련할수록 감각은 살아난다. 또한 구조를 분석하는 능력이나 판단력 등 성인으로서 발휘할 수 있는 또 다른 능력도 있다고 한다. 한 언어를 온전하게 구사한 세월을 무시할 수 없다. 이미 존재한 언어는 반드시 새로운 언어를 배우는 나의 방해물이기만 한 게 아니라, 한 언어 체계를 꾸준히 훈련한 결과일 수 있다.

어른이 되면 처음 한 경험도 이미 한 경험과 유사하게 취급하는 경향이 높아진다고 한다. 이 능력은 분석력과 판단력을 높여주지만 언어를 감각적으로 받아들이는 데는 방해가 된다. 처음 본 무언가를 이미 아는 듯 여기지 않아야 새로운 언어를 빠르고 정확하게 접할 수 있다. 그러니 하나를 알아갔던 과정을 경험으로 삼고, 새로 등장한 감각을 새롭게 여길 수 있을 때 나이와 무관히, 그리고 나이의 이점을 누리면서 언어를 성장시킬 수 있다.

용꼬리반 수강생들은 학습이 진행된 이후 틀린 프랑스어 문장을 들려주었을 때, '아닌 것 같은데?' 하고 판단하게 된다. 그런데 왜 그런지는 대답을 잘 못한다. '그냥 그런 것 같은데요?' 하고 답하고 그만이다. 그런데 이런 답을 하면 보통 원어민 같다고 한다. 원래부터 언어에 재능이 있어서 빠르게 배운 사람으로 간주된다. 정확히 왜 틀린지를 설명할 수 있으면 어디서 관련된 지식을 읽어서 아는 것이기 때문에 오히려 언어에 덜 익숙하다고 여겨지거나, 굳이 세부 지식을 배우기로 선택한 어학 전공자처럼 보인다. 하지만 수백 명의 학생을 가르쳐본 결과 타고남은 정교하게 구현 가능하다.

내가 앞에서 언급한 언어 습득 과정은 우리가 태어나서 이미 다 한 번은 해보았을 경험인데도, 많은 사람들이 여전히 정말 문법을 배우지 않고도 말할 수 있느냐 묻는다. 모국어는 타고나고 외국어는 만들어지기 때문에 외국어에 대해 판단할 수 있는 직관이 내 안에서 형성될 수 없다고 느끼기 때문일 것이다. 하지만 우리 모두 모국어를 끊임없이 연습했다. 직관은 곧 모방의 결과물이다.

배운 지 얼마 안 된 언어를 금세 내 언어라고 느끼고, 기기나 교재와 같은 외부의 규칙에 의지하지 않고 자유롭게 날아오르는 순간을 만들어낼 때 우리는 그 사람을 보고 외국어를 잘한다고 한다. 악보를 보지 않고 노래를 흘려보내는 때, 가수가 아니더라도 이때 가사나 음표 혹은 곡을 만드는 규칙을 떠올리면 노래가 무너져버린다는 건 모두가 아는 사실일 텐데, 외국어에 대해서만은 의문이 많은 것 같다. 하지만 누구나 직관을 가진 선에서 더 뛰어나게 외국어라는 음악을 노래할 수 있다.

노래에서는 그 즉시 생겨나는 흥취가 가장 중요함에도, 실패를 즉시 꾸짖는 곳에서 자라면 배우는 동안 자신이 불필요하게 작아질 수 있다. 그런 사람들에게는 충분히 준비하지 않은 채로 시험을 본다는 사실이 결과가 나온 뒤 일말의 보호막이 된다. 그래서 되도록 시험을 접수시키고, 시험이 2주 앞으로 나가오면 매일 한 시간씩 훈련을 거친다. 학생들은 여느 때의 시험과는 달리 턱없이 부족한 상태에서 시험을 치러야 하니 될 대로 되라고 생각하게 된다. 평소의 자신과 비교하면 아무 점수도 못 받아도 마땅한 수준이므로 예상보다는 늘 높은 점수가 나온다.

후바이 되면 학생들은 형편없는 상태에서 시험을 치르게 생겼다고 생각하지만 사실 몹시 성실한 모습을 보인다. 술자리에서 빠져나와 수업을 듣고, 친구 집들이 중에 수업에 참여한다. 하루도 빠지지 않고 2~3주 되는 수업을 완주하고 시험을 치르러 만난다. 다 같이 시험장에 들어가기로 하면 혼자서는 포기하기 쉬운 외국어 학습을 장기적으로 유지하기에 효과적이고, 이후의 학습을 계속 이어갈 수 있는 동력이 된다.

이들의 동력은 철저히 자발적이다. 수업에 참석하지 않는다고 별다른 불이익이 있을 리 없다. 오로지 내적 동기에 의지하기 때문에 오히려 단기적인 성과를 낼 뿐 아니라 장기적으로도 오래 학습을 유지한다. 그런데도 문득 내일 시험 보러 가지 말까, 하고 전날 회피하고 싶어지는 마음이 차오른다고 한다. 머리로는 아는데도 몸이 움직이지 않는다. 그러니까 내적으로 이렇게나 여러 가지 문제를 겪는 이들이 시험장에 대충 밀어 넣어진다는 건, 생각보다 복잡한 이야기다.

피날레: 기념사진

'내일 대충 잘 보자!'

'대충 잘 봅시다!'

또다시 델프(DELF) B1 시험 전날, 용꼬리반 수강생들이 학원에서 배운 대로 서로를 격려한다.

용꼬리반의 피날레는 준비를 100퍼센트 철저히 시키지 않은 상태에서 중급자용 시험장에 밀어 넣어지면서 찍는 단체 사진이다. 학생들은 대충 잘 보자, 하고 수다를 떨고 간식을 먹으면서 시험장 앞까지 다 같이 올라가 단체사진을 찍는다. 그들은 대체로 이 시험이 다른 전공자들이 얼마나 두려워하는 수준인지에 대한 어떤 감도 없다. 참고로 이 시험은 내가 프랑스어를 시작하고 4년 만에 치른 것이었다.

수업을 수준별로 구분하지 않기 때문에 그간 프랑스어를 엄숙하게 배워온 상급자 학생들도 같은 용꼬리반을 듣곤 하는데, 이들은 시험장에서 티 나게 해맑은 얼굴들에 놀란다. 오랜 기간을 들이고도 응시하기를 겁냈던 시험을 아무 생각 없이 치러 가는 모습을 보면 진심으로 좋아 보인다고 말해준다. 나는 내가 아주 오랜 시간 동안 맴돌다가 겨우 응시한 시험장에 아무 생각 없이 도착해 있는 해맑은 얼굴들에 시험 결과와 마찬가지로 자부심을 느낀다. 그 얼굴은 자신들이 온전히, 그리고 나와 함께 만든 결과물이기 때문에 더 뿌듯하게 느껴진다.

전부 알아야 한다는 비현실에 도달하지 못하면 처참해지리라는 불안감. 나는 청소년기에 선택이 아니라 필수였던 수능을 앞두고 끔찍한 시험 불안을 겪었다. 중학교 학창 시절에 성적이 좋았다. 시험 준비 기간에는 누구보다 성실했다. 중간고사를 앞두면 암기가 필요한 과목은 과목 이름만 부르면 교과서의 모든 내용을 말로 설명할 수 있도록 밤을 새워 몇 번씩 외웠다. 커피를 너무 독하게 타 마셔서 위에 천공이 생겼다. 그런데 시험에서 좋은 결과가 나오면 100퍼센트 운이라고만 생각했다. 그리고 다음 시험에서는 바닥을 면치 못하리라고 느꼈다. 그러니 수능에 실패해버릴 거라고 생각했던 건 당연하다. 수능 성적표가 나오는 날에는 무언가를 들키게 될 거라고 생각했다. 두려워서 그날이 오기 전에 자연재해로 지구가 날아가기를 간절히 바랐다. 정 안 된다면 우연을 가장하여 차에 치이고 싶었다. 아직 응시하지도 않은 시험, 게다가 매일같이 그보다 더 성실히 준비할 수 없는 시험의 결과는 이미 나의 치부였다.

　　이런 방식의 사고가 이상하다고 조금씩 의심하게 된 건 성인이 된 이후이다. 아무리 열심히 준비하고 최선을 다해서 만든 작품이어도 아무 반응이 없는 게 당연하다고 생각하는 요즘의 습관은 이 증상으로부터 긍정적인 부분만을 남긴 흔적이다. 그러다가 사람의 불안을 설명하는 항목에 '외국어 불안'이라는 요인도 있음을 알게 되었다. 우리 학원을 찾는 사람들 가운데 적지 않은 이들이 이런 경험이 있다고 했다. 좋아해서 누가 시키지 않은 욕망을 갖고도 그것을 두려워한다는 건 무척 힘든 일이다. 그래서 탁월하다는 게 그리 대단한 게 아니며, 대충이라는 게 그리 엉망인 건 아니라는 말을 해야만 한다. 힘을 들인다고 결과가 나오는 것도 아니고, 즐긴다면 결과는 아무래도 좋다고 생각할 필요도 없다.

　　이왕이면 높은 목표를 잡고 과정에서의 오점을 개의치 않는 용꼬리반의 접근은 실패가 공포스러워서 훨씬 오래, 많이 준비해놓고 낮은 단계의 성취를 이루려고 하는 습관이 있을 때 확실히 도움이 된다. 시험에 대해서 심리적인 문제를 크게 겪는 학생들은 이렇게 최대한 심리적인 문제를 피해 가려고 만든 설정에도 불구하고 응시를 포기하기도 한다. 그렇지만

한 해쯤 지나서 다시 왔다면서 불쑥 수강을 신청하곤
한다. 어떻게 왔느냐고 물으면 여기는 수업을 빠져도
지나간 진도를 따라잡기는 틀렸다는 생각이 들지 않
고, 중간에 사라져버리는 자신을 질책하지 않기 때문
이라고 했다. 이처럼 한 번의 시도가 중단되었다면 다
음번에 마무리하면 그만이다.

　　입시 전략에서 시작되어 프랑스어 학습법으로
전환된 용꼬리 전법은 이곳저곳에 녹아들 수 있는데,
가령 우리 회사는 언제 출근해도 관여하지 않지만 전
직원 1종 면허를 취득해야 한다. 1종을 어디다 쓰지
않아도 상관은 없지만, 2종으로 충분하다 해도 더 높
은 목표인 1종에 성공해야 한다. 대신 면허비에 연수
비를 함께 지원한다. 시험에 성공하기 위해서는 연수
를 받아야 하기 때문이다. 이처럼 게릴라 러닝은 관념
이 물질 없이 머무는 시간을 줄이고자 노력한다.

8. 게릴라 러닝을 적용한 다개국어 학습법

한국어가 서양 언어와 다른 점이 많다보니, 특히 한국에서는 외국어를 잘하는 사람들을 선망하고 언어 장벽을 극복하고자 하는 시도를 많이 한다. 그래서 여러개 국어를 유창하게 구사하는 사람들을 부러워하면서도, 배우는 외국어가 하나를 넘어 여러 개가 되는건 만류를 당한다.

- 영어를 10년 넘게 배워도 제대로 못하는데
  프랑스어를 영어만큼이라도 구사하려면 또
  10년 넘는 시간을 들여야 하는 게 아닐까?
- 새 언어를 배우면 이전에 있던 언어를 잃게
  되지 않을까?
- 여러 언어들이 서로 헷갈리지 않을까?

이 질문은 내가 실제로 자주 받는 것들인데, 여기서 마지막의 헷갈린다는 말은 단순히 학습을 방해하는 정도가 아니라 이데올로기처럼 작동한다. 하나의 언어 혹은 하나의 외국어를 넘을 수 없도록 기능하는 것이다. 줄리 세디비의 《이중언어의 기쁨과 슬픔》이라는 책을 보면 이중언어자가 정신질환자로 분류된 역사가 있었다. 하지만 마음은 한 언어가 다른 언어의 자리를 빼앗아야만 유지될 수 있는 한정된 공간이 아니다. 삶은 유한하더라도 주어진 시간을 굳이 가두는 틀을 없애면 마치 무한한 듯 흘러갈 수 있듯, 여러 언어가 뒤섞이며 존재하는 마음도 이따금 충돌하면서 불협화음을 내지만 대체로는 서로 협연한다.

이를 더 자세히 알아보기 위해 여러 개 언어를 배워나가기로 했다. 같은 방법을 수강생들에게 적용해 학생들 역시 다개국어를 배워나갈 수 있도록 했다. 이 장에서는 학습 리듬을 조절하는 외에 구체적으로 어떤 기법을 활용해 외국어를 배워나갔는지 소개한다.

매개 없이 이해하는 기쁨

어디서부터 다개국어자일까? 나는 프랑스어와 영어, 한국어를 큰 무리 없이 구사하면서도 아직은 다개국어자가 아니라고 생각했다. 한국어와 영어는 모두 배우기 때문에 내가 하는 외국어는 프랑스어 하나라고 여겼고, 하는 외국어가 늘어나면 다루기 어려워질 거라는 생각에 마찬가지로 사로잡혀 있었다. 그러다가 다개국어자 정체성을 확실히 하게 되는 계기가 있었는데, 2023년 초 미국과 오스트리아 다큐멘터리 팀이 프랑스어 수업을 영화에 담으러 오면서였다.

오스트리아 영화 감독이 나를 빈에 있는 자신의 집에 초대했을 때에는 영어로 이야기할 수밖에 없었다. 그러나 나는 영어를 개인적으로 그다지 좋아하지 않는다. 영어가 특히 한국에서 너무 당연하게 공용어로 취급받으며 그 존재감이 다소 비대하다고 느껴지기 때문이다. 서로의 언어를 모르는 사이에서는 영어가 감사한 소통의 매개이지만 한편으로는 영어로 소통 가능하다는 생각이 서로의 언어를 어렵다, 곧 습득 불가능하다고 여기게 한다고도 생각한다. 하지만 정말 불가능한지는 확인해보아야 하고 어렵다는 말은 어디까지나 상대적이다. 독일어도 여태 배워보고 싶은 마음이 들었던 언어는 아니었지만 기왕 연말까지 시간이 남은 김에, 독일어를 배워 중간에 당연하고 어쩔 수 없이 위치한 영어라는 매개를 건너보기로 결심했다.

마침 새로운 수강생들과 프랑스어 수업을 시작

할 무렵이었다. 그래서 학습자들이 어떤 어려움을 겪는지 더 잘 알고 싶었다. 따라서 전혀 배워본 적 없던 독일어를 한 달 정도 배워 B1시험에 응시해보기로 했다.

거리낌 없이 시간을 낭비하기

게릴라 러닝은 굳이 필요 없어 보이는 노력을 보태더라도 궁극적으로 시간을 아낄 수 있다면 그렇게 하는 방법이다. 노력을 하는 데 임의의 순서가 있다고 생각하지 않는다. 아직 서울에 있는 학교에 합격하지 않았다 하더라도 서울로 거처를 옮겨 사는 식이다. 성취를 해나가는 데 타이밍만을 중요하게 여기고, 시간을 옥죄는 대신 오히려 전혀 신경 쓰지 않고 되도록 긴 단위로 바라본다. 언어 학습에서 시간을 이렇게 멀리서 바라보는 관점이 도움이 되는 까닭은 그럴 때 모국어와 외국어의 당연한 구분을 흐뜨릴 수 있기 때문이다.

모국어는 신체가 덜 발달되었으므로 실패하는 게 당연해서 아무도 나무라지 않는 자유로운 시간을 허락받은 사람이 충분한 시간을 들여서 배우는 말이다. 외국어는 그 언어를 흡수하는 아이가 세파에 조금

찌들었을 뿐 모국어와 별 차이가 없다. 억울하게도 그 늙은 아이는 완성된 신체를 갖추고 있어서 당장 입이 떨어지지 않으면 스스로를 수치스럽게 여기기 좋다. 나는 프랑스어를 배우며 경험한 바가 있어 독일어를 배우면서도 한국어를 너무 오래 써서 어려울 거라거나, 나이가 들어 어렵다거나, 프랑스어와 섞일까 걱정이라거나 하는 생각은 잘 하지 않았다. 나이가 들어갈수록 외국어 습득이 불리해진다는 체감을 하기는 하지만, 그건 어릴 때에는 내버려둬도 감각이 열려 있지만 나이가 들면 감각을 열려는 시도를 해야 한다는 정도의 차이 때문인 것 같다. 그러니 성인 이후에 외국어를 연습하고 싶다면 더욱더 순간만을 사는 게 좋다.

시간으로부터 자유롭다는 말인즉슨 일정한 분량을 배우는 데 들어가는 시간이 들쭉날쭉해도 달리 낭비라거나 비정상이라고 생각지 않고 마음껏 시간을 쓴다는 말이다. 이건 수업을 빠질 때만이 아니고 몰입하는 정도가 강할 때에도 똑같이 적용된다. 성실하게 참여하지 않아 걱정이라는 말만큼이나, 흥미가 붙어서 열심히 연습하게 되면 취미에 너무 많은 공을 들이는 것 같아 불안해지면서 몰입을 그만두어야겠다는 수강생들도 많기 때문에 더욱 유용한 접근일 수 있다.

독일어를 처음 배울 때 나는 짧은 시를 하나 골랐

다. 브레히트의 〈아침저녁으로 읽기 위하여〉라는 여덟 줄짜리 시였다. 글자는 보지 않고 독일어 이중언어자인 친구에게 음성 녹음을 부탁해서 받았다. 그리고 한 행이 아주 짧은 그 여덟 줄을 외우는 데만 꼬박 3일이 넘게 걸렸다. 한정된 시간을 살아가는 현대사회에서 서른 넘은 성인이 외국어를 한 달 안에 배우겠다면서 시 여덟 줄에 3일을 쓰는 비효율은 나중에 극강의 효율을 발휘하게 된다.

효율을 위해 비효율을 선택하는 경향은 영어로 소통하는 중간 단계를 걷어내고 싶어서 독일어를 한 달 들여 배우겠다는 다짐으로도 똑같이 나타난다. 바쁜 시간에 한 달을 빼서 독일어를 어중간한 수준인 B1으로, 대신 그 정도 수준을 곧잘 이해하고 말할 수 있는 정도로 구사한다면 독일어로 소통해야 하는 순간마다 영어를 끌어다 쓰지 않으리라 생각했기 때문이다. 이처럼 나는 나중에 효율을 가져다줄 수 있다면 기꺼이 당장의 비효율을 선택한다.

아주 보잘것없는 분량을 위해 펑펑 쓰는 시간은 언어가 흘러나올 초석을 잘 닦기 위해 초반에 기꺼이 몰아서 치러야만 하는 비용이다. 프랑스 언어학을 학부에서 전공했어도 학부 수준의 배움이 깊지는 않았으니, 음성학에 대해서 자세히 알지는 못한다. 하지만 늘 관심이 있어서 종종 논문을 읽는데, 한국어로 사랑의 'ㅅ'과 시간의 'ㅅ' 발음이 다르다는 논문을 발견한 적이 있었다. 같은 언어 내의 같은 글자지만 엄밀히는 소리가 다르다는 이야기였다. 그러니 로마자를 쓰는 언어들의 발음도 당연하게도 저마다 같지가 않다. 예를 들어 L이라는 글자도 영어와 프랑스어가 사실은 다르게 난다. 이 사실을 귀로 듣고 알아낼 수 있는 감각을 만들고 나면 앞으로의 학습에서 두고두고 효율이 발휘된다. 외국어를 배워두면 일을 하거나 일상 생활에서 잘 써먹을 수 있다는 말처럼, 외국어를 배우는 과정에서 귀로 듣고 해당 언어의 발음을 바로 분별해 내면 쭉 큰 무리 없이 따라갈 수 있다.

두 사람 이론

그러기 위해서는 나의 학습을 도와줄 사람이 최소한 한 명이 더 필요하다. 언어는 사회적 소통 도구이고, 두 명은 사회를 이루는 최소 단위이다. 도와줄 사람이 두 명이면 더 좋다. 한 명인 경우 귀가 밝아 소리를 잘 분별하고, 또 분별한 대로 소리를 낼 수 있도록 지도해줄 수 있으면서, 해당 언어를 원어처럼 구사하는 사람이 필요하다. 두 명인 경우 분별하고 지도하는 게 가능한 사람과 원어민이다. 내 경우 독일어를 한국어처럼 구사하는 한국인 친구 한 명과 독일어 원어민으로 정했다. 여기에 스터디 그룹이라는 마을을 만들어버리면 나는 꼼짝없이 해당 언어 거주민이 된다. 그룹원을 잘 만나 적절한 친밀감을 형성하고 동기 부여를 공유하면 시험을 끝까지 완주하는 데 도움이 된다.

시를 외우는 과정에서는 우선 음성을 기억해야 하고, 다 외웠다고 하더라도 친구가 녹음해준 발음과 흡사해지도록 미세하게 고쳐야 한다. 프랑스어와 비교해보자면 독일어는 입천장을 많이 사용하는 언어였다. 가득 찬 풍선에서 공기를 조금씩 빼는 소리를 내야 했는데, 처음 써보는 부위를 활용하게 되기까지 한참이 걸렸다. 소리를 내는데 힘이 잘 들어가지 않아서 종아리에까지 힘을 주면서 애를 썼다.

그러고는 시보다 조금 긴 문장을 무작위로 발음하는 연습을 반복해본다. 아무 텍스트나 골라도 좋다. 내 경우 그 과정에서 라헬 판하겐이라는 여성에 대해 알게 되었다. 지식인들이 서로 교유할 수 있는 자리를 만들면서 사교계를 주름잡았다고 하고, 철학자인 한나 아렌트가 이 여성에 대한 책을 한 권 쓰기도 할 정도였다. 이 사람에게 흥미를 느낀 건 창작자로서의 장르가 편지였다는 점 때문이었다. 그는 수많은 지식인들과 편지를 썼고, 자신의 편지가 예술적인 가치가 있다고 생각해 자기가 보낸 편지를 도로 달라고 해서 모아두었다.

편지는 여러 종류의 글쓰기 가운데 수신자가 확실하고 아주 구체적인 장르이다. 중급 시험의 작문 영역에서 편지를 쓰게 시키는 까닭은 불특정 다수를 향하는 논설문보다는 어떤 사람에게 어떻게 말을 걸어야 할지 그 범위가 확실하게 정해진 편지가 조금 더 쉽기 때문이다. 편지는 작가가 홀로 존재할 수 없는 상호작용적 장르이다. 나는 특히 외국어 학습이 그 언어를 사용하는 원어민, 혹은 그에 준하는 외국인과 해당 언어를 배우는 중인 학습자의 상호작용으로 이루어져야 한다고 본다. 그래서 친구에게 이 사람에 대한 정보를 찾은 다음에 내게 말로 알려달라고 했다. 그렇게 말하고 읽는 텍스트의 분량이 어느 정도 되면 독일어 안에 존재하는 모든 발음을 거의 다 할 수 있게 된다. 자음과 모음이 한정적이기 때문에 각각을 조합해나올 수 있는 발음의 수는 정해져 있다. 무한한 건 그발음으로 만들어내는 어휘이며, 한 언어 안에 새로운발음이 추가되는 일은 역사적인 지각 변동이라 불러도 좋을 만큼 드물다. 외국어가 어려운 건 그 경우의 수는 한정적이지만 이 수없는 랜덤한 조합을 끊지 않고 말할 수 있어야 하고, 게다가 그 소리를 들으면서 동시에 의미에 도달해야 하기 때문이다.

이후에는 받아쓰기, 그리고 원어민과의 언어 교환을 추가했다. 우선 받아쓰기는 내가 무척 중요하게 생각하는 훈련 중 하나이다. 글자를 일부러 한참 가르치지 않는 나의 방법론에서 받아쓰기는 모호하게 자리 잡은 언어를 또렷하게 만들어준다. 서로 연결 지을 수 있는 단어들도 이때 특히 많아진다.

원어민에게도 받아쓰기를 할 수 있는 문장을 내 달라고 시켰다. 언어에 대해서 설명이나 수업을 해달라고 하면 본인도 제대로 모르는 경우가 부지기수이거나 정확하게 설명할 수 없는 경우가 더 많다. 오히려 원어민은 자기 언어를 낯설게 생각해보지 않아서, 낯설었던 두 번째 언어를 점점 편안하게 구사하게 된 이중언어자인 친구를 주 선생으로 삼았다. 독일에서 7년간 거주한 이 친구는 현지에서 부딪치며 언어를 배웠는데, 내가 거의 첫 제자이다시피 하였지만 언어가 늘어나도록 이끌어주는 데 필요한 순발력, 사교성과 같은 재능을 가지고 있었다. 그래서 나를 가르쳐주고, 그 과정대로 다른 학생들을 가르치는 독일어반을 개설해보자고 의기투합했다. 이후 이 과정을 바탕으로 개설된 독일어 수업에서 실제로 학생들을 탁월하게 이끌어주었다.

나의 단어장 만들기

오페라 가수로 30대에 6개 국어자가 되기 시작한 게이브리얼 와이너의 이야기를 담은 《플루언트 포에버》에서는 남이 만든 단어장은 쓸모가 없다고 단언한다. 나 역시 내가 직접 깨닫게 된 단어만 단어장에 모으게 한다. 구글 스프레드 시트를 켜고 기억할 수 있는 단어를 적고, 한글로 뜻을 적는다. 이 단어를 알게 된 맥락을 예문으로 적어두면 더 좋다. 시험이 한 달 앞이면 시험에 자주 나오는 단어장을 구입해 공부하는 게 낫다고 생각할 수 있지만, 이미 깨달은 단어도 기억이 나지 않는데 남이 정리해준 단어장은 효율이 더 나지 않는다. 처음에는 어느 세월에 단어를 늘리나 싶었지만 한 달 정도 학습하니 어느새 1,000개를 넘었다.

짧은 기간 동안 집중해서 언어를 습득하고자 했기에 매일 꾸준히 학습하는 게 목표였지만, 그렇지는 못했다. 프랑스어와 달리 독일어의 경우 나를 시험 전날까지 매일 붙들고 지도하면서 마지막 연습을 시킬 선생이 따로 없었다. 시험장에 가기에는 최종적인 투입량이 너무 부족하다고 여겨서 아무도 시키지 않은 도전의 막을 조용히 내려볼까도 고민했다. 아무리 그래도 외국어 학습법을 가르치는 원장이 너무 낮은 점수를 받으면 어떡하나 걱정도 했다. 독일어 습득에서 마지막 집중훈련 주간을 적용하지 못했지만, 그래도 결시는 없다고 생각해 ZD B1시험에 응시하였다.

한 달 뒤 받아본 결과는 앞서 언급했듯 50.25였다. 50점 만점인 프랑스어 시험이었다면 독일어 중급자의 꼬리에 탈 수 있었겠으나 독일어의 합격 기준은 60점이어서 불합격이었다. 마지막 주에 조금만 더 힘을 기울였더라면 어땠을까 아쉬움이 있었지만 처음 마음과 달리 흐트러져 집중적으로 학습하지 못했음을 고려하자면 나쁘지 않은 결과였다. 게다가 시험 불안이 심각했던 10대를 지나, 석사 논문을 쓰는 데 필요한 학기가 한 학기 늘어난다는 사실도 견디기가 싫었던 20대에서, 이제는 불합격이라는 글자를 대할 때 소모되는 어떤 감정도 없다는 사실이 좋았다. 이때 그룹으로 함께 배울 사람들이 없었기 때문에 마지막에 힘이 약해졌다는 생각에, 직원에게 독일어를 가르칠 때에는 훈련을 같이할 사람을 4명 정도 구했다. 그 결과 마지막까지 필요한 노력을 문제없이 기울일 수 있었다.

게릴라 러닝을 적용한 프랑스어 수업으로 '매개 없이 이해하는 기쁨'을 얻을 수 있다고 말하곤 한다. '즉각immediate'의 어원이 '매개가 없음im/mediate'을 의미하기 때문이다. 통역자를 끼지 않고 만나고 싶은 대상과 직접 소통할 때, 소통은 더 빨라지고 즐거움은 늘어난다. 아무리 교재가 많아지고 기술이 발달한대도 인터넷도 되지 않고 참고할 자료도 없이 오롯이 내 몸으로만 상대해야 하는 상황에 대처할 방법을 알면 더 멀리 갈 수 있다. 그래서 나의 외국어 학습법은 어떤 나라에 떨어지든, 어떤 중간다리가 존재하지 않는 상황에서도 이렇게 살면 죽지는 않겠다는 감각과 그러한 순간을 나 스스로 즐길 수 있는 기쁨을 갖게 해준다.

그렇게 독일어 시험을 보고 나니 오랫동안 다른 언어에 비해서 그다지 좋아하지 않는다고 생각했던 영어도 시험을 볼 수 있겠다 싶어 아이엘츠에 도전했다. 내게는 20대 초반에 토플이니 아이엘츠니 하는 영어 공인 시험에 마음의 장벽이 세워져 있었다. 20여 만 원 돈 하는 응시료와 이 시험에 필요한 스킬을 갖추는 데 드는 학원비가 둘 다 너무 크게 느껴져서였을 것이다. 다른 데 아껴도 응시료는 아끼지 말자는 전략은 그렇게 오랫동안 장벽 앞에 서 있던 시간 이후에 이를 만회하고자 만든 것이었기 때문에, 3주 뒤에 있는 아이엘츠 아카데믹 시험을 보기로 했다.

영어는 공부하지 않은 지가 거의 10년은 되어서 엄두가 나지 않았다. 다만 게릴라 러닝의 장점은 새로운 분야로 진입하는 데 별다른 감정적 비용이 들지 않는다는 점이다. 그래서 결심 이후에는 곧장 연습을 했다. 내가 이 나이 먹고 등등, 출판번역을 몇 권을 하고도 모르는 단어가 있으면 어쩌지 등등, 따위의 생각은 들지 않았다. 달리 말하면 이런 생각을 하지 않는 태도는 연습으로 갖출 수 있다. 영어의 경우는 발음을 어릴 때 구분해두었으므로 주로 글을 읽고, 영상을 보고, 모의고사를 몇 번 풀었다. 그러면서 영어를 그다지 좋아하지 않은 이유가 앞서 말했듯 내가 너무 일찍, 너무 자주 영어 번역 아르바이트를 하면서 이 언어의 매개로 기능했기 때문임을 알게 되었다.

습득을 연속적으로 빠르게 해나가다 보면 어느 날에는 갑작스럽게 편안해지는 느낌이 들기도 하고, 다음 날 눈을 뜨면 이전까지 가지고 있었던 감각을 몽땅 잃어버린 듯하여 당황하기도 한다. 다른 언어를 거치지 않고 받아들이던 시간에, 아주 강렬하게 남은 성취의 장면들은 다음과 같다. 도로를 걸으며 시를 외울 때 여러 단어로 이루어진 여덟 줄의 한 편이 마음속에서 신비로운 효과를 자아냈던 순간. 산책을 하면서 듣는 대화로부터 돌연 발음을 흉내 내는 데에만 몰두했던 시의 문법을 이해했을 때. 마을버스에서 라헬 판하겐의 일생을 다룬 짧막한 텍스트로 낭독 연습을 하는데 눈앞에 보이는 생소한 한 단어, 한 단어를 읽어가며 속도를 점점 올려도 비틀거리면서도 넘어지지 않고 한 문장의 마지막 온점까지 도착하던 때. 아무것도 들리지 않아서 분한 마음에 유튜브로 동요나 내리 듣다가 갑자기 동요 가사를 이해할 수 있게 되었던 때. 홍콩계 미국인으로서 보낸 유년 시절에 할머니와의 기억을 언급하면서 묘사한 영어 산문에서 감각한 아름다움. 그것을 동료들과 공유하며 같은 글을 읽는 기쁨을 누리던 순간. 결코 점진적이지 않고 들쭉날쭉한 성장곡선 앞에서 채근하지 않으면 곡선은 상승한다.

빨리 자주 실패하고 재능에 대해 묻지 않기

게릴라 러닝으로 얻어낸 성과와 그 과정을 아무리 공유해도 '그건 재능 아니야?'라는 반문을 받곤 한다.

내게 원래부터 언어적 재능이 있었기 때문에 가능한 게 아니냐, 이 질문을 극복하려 무작위의 수강생들로 성과를 낸다 해도 유독 특출난 학생들만 가르쳐서 낸 성과가 아니냐는 식의 질문이다.

하지만 앞서 살펴본 어느 시험에서든 그것을 두세 달 남긴 시점에서 내 상태는 대체로 탁월하지 않았다. 수강생들은 프랑스어 수업으로 성취를 빠르게 냈지만 이전에는 다른 외국어 실력이 평균보다 더 뛰어나지 않은 경우가 많았다. 재능이 있다면 짧은 시간 안에 합격선으로, 장학금을 받을 수 있는 수준으로, 좁은 관문을 통과할 수 있도록 끌어올리는 폭발력에 있을 것이다. 특히 두 달 남은 시점에 최대한 스퍼트를 내서 응시할 수 있는 기회를 최대한 활용하겠다고 결정할 수 있는 능력이 있었다. 하지만 이건 누구나 알고 있고, 몰랐다면 지금 읽어서 알게 되었으며, 실행은 연습하면 된다. 로또에 당첨되려면 복권을 사야 하고 시험비를 날리면 아깝다는 말은 누구나 알 수 있다. 그런데 재능을 가진 스포츠 스타가 연습 없이 경기에 나올 거라고 생각하는 사람은 없으면서 같은 이야기가 학업에서는 잘 받아들여지지 않는 듯하다. 그래서 더더욱 이 구도에 대해서는 재능이 아니라 노력으로 이루어진다는 반박만으로는 충분하지 않다. 재능과 노력 중 하나를 선택하려는 구도가 문제다.

게릴라 러닝은 자꾸만 재능이 어디까지인지 찾는 습관이 잠재력을 해치고, 성취를 막는다고 본다. 그러느니 실패할 확률이 있는 승부에 최대한 빨리, 덜 준비된 채로, 대신 자주 시도한다. 그리고 성과의 어느 부분까지가 노력이고 어느 부분까지가 재능인지 궁금해하지 않는다. 그렇게만 한다면 대충 탁월해질 수 있고, 그렇게 거둔 결과가 하나씩 더해지면 삶에서 활용할 수 있는 자원은 폭발적으로 늘어난다.

9. 게릴라 러닝의 지향점:
대충 탁월해진다

앞서 게릴라 러닝의 지향점이 '대충 탁월해진다'라고 말했다. 대충 탁월해진다는 말은 흥미와 생존, 완벽한 하나 vs. 어설픈 여러 가지라는 임의의 구도에서는 영 불편한 위치에 놓여 있다. 이 말이 의아하게 느껴지는 사람이라면, 좋은 결과를 거둘 때에는 대충 임하는 시간이 포함되어 있어서는 안 된다는 관점을 가지고 있을 수 있다. 하지만 이 말의 어감 자체가 중요하기 때문에 별도의 해석을 붙이지 않겠다. 나는 이를 성취를 가로막는 임의의 구도가 만든 아래 전제를 벗어나기 위해 사용했다.

- 결과가 어떻든 꾸준한 태도로 임하기만 하면 된다.
- 탁월해지기 위해서는 매 과정에 빈틈이 없어야 한다.
- 탁월한 수준은 웬만한 인간은 이르지 못하는

정도를 의미한다.

– 대충 임했다면 대충 끝내도 괜찮다.

이 장에서는 내가 프랑스어를 배워간 과정, 다개
국어자라는 정체성을 발전시킨 과정을 공유하고자
한다. 과정에 빈틈을 허용하지 않는다면 시도가 너무
더뎌지거나 노력이 오히려 중도에 그치고 만다. 결과
인 탁월함이라는 수준에 대해 너무 대단한 기준을 들
이댄다면 그야말로 이도 저도 안 되는 결과를 얻게 된
다. 그래서 '대충 탁월해진다'는 지향점은 흥미를 오
래 유지하면서도 소기의 성과를 보다 수월히 거두게
해주었다.

중학생 여름방학 취미로
통번역대학원 수석 입학까지의
드문드문 상승곡선

내가 17년째 프랑스어를 접하는 중이라고 하고, 취미
로 입문하는 중학생부터 통번역대학원에 가고 싶은
학생들까지 전부 지도한다고 하면 평생을 한 분야에
만 매진한 사람으로 상상하는 경우가 있다. 그런데 프

랑스어에 아주 열중했던 시간은 사실 언어를 취미로 삼은 17년의 기간 가운데 총 4~5년밖에 되지 않는다. 하지만 중학교 때 시작했던 프랑스어를 지금까지 하고 있고, 유창성과 발음이라는 특별히 자신 있는 분야가 있는 건 분명하다. 그리고 어떤 배경을 가진 한국인 성인이든 자신이 어떤 언어에 들이는 시간 가운데 가장 짧은 시간에 프랑스어를 하게 만들 수 있다는 자부심을 가지고 있다. 어쩌면 프랑스어 전공자 가운데 전공을 가장 잘 살린 축에 든다고 볼 수도 있다.

그런데 이 결과를 얻는 과정에서 나를 보았다면 프랑스어라는 분야에 대충 임하는 사람으로 보였을 것이다. 우리 학생들이 수업을 신청해놓고 한 달이 지나면 출석률이 현저히 줄어들듯 세상에는 프랑스어보다 중요한 게 많았다. 프랑스어에 연달아서 문화인류학이라는 전혀 다른 전공을 석사로 하기도 했고, 또 그 두 가지와 전혀 다른 사업을 벌이기도 했다. 지금 수준까지 계속 프랑스어와의 연을 이어갈 수 있었던 건 길게는 4~5년의 시간 동안 프랑스어를 붙들지 않은 시간이 있었기 때문이었다. 프랑스어라는 외국어 능력을 중간에 오래 비워두었고, 그러면서도 다시 붙들 때에는 반드시 한 칸씩 올려두었다. 바깥을 배회하고 돌아올수록 다른 영역에서 얻은 지식이 외국어 교육에 큰 도움이 되었다. 만일 프랑스어라는 분야에만 머물렀더라면 이런 역량은 절대로 얻을 수 없었을 것이다.

중학교 때 프랑스어는 2학년 방학 때 잠깐 배우고 싶어 시도한 언어로 그쳤다. 다른 과목의 성적을 잘 받는 데 열중하는 동안 프랑스어는 잠깐 재미로 건드린 언어에 불과했다. 그러다가 중학교가 끝나갈 무렵 돌연 프랑스어를 더 배우겠다는 생각에 외국어 고등학교에 진학하고 싶어졌다. 그래서 시험을 치르고 입학했지만 자퇴해버렸다. 자퇴한 다음 해 수능을 준비하면서는 프랑스어를 원하는 만큼 배우지 못했다는 생각에 불어불문학과로 진학했다. 그러나 대학에서 프랑스 어학과 문학을 전공하는 동안은 결코 실력이 늘지 않았다. 그래서 그런 실력으로 배회하다가 어학연수를 잠시 다녀왔다. 5개월간 지금 가지고 있는 프랑스어를 거의 다 가지게 되었다. 그때 프랑스어가 늘어난 경험을 각본으로 삼아 연출한 프로그램이 바로 용꼬리반이다. 어학연수를 굳이 떠나지 않아도 한국에서 온라인과 오프라인 공간을 활용해 프랑스어를 같은 기간 어학연수를 가서 익힌 것보다 효과적으로 습득할 수 있도록 구성하였던 까닭은 어학연수에 충분한 돈을 들일 수 없었던 개인적 경험에서 비롯되었다.

어학연수를 다녀온 후, 앞으로 어떻게 살아야 할지를 고민하는 졸업생 무렵에는 진로를 찾아 헤맸다. 하고 싶은 일과 해야 하는 일이 하루에 허락된 시간보다 늘 넘쳤기 때문에 매일 실패했다는 마음을 안았다. 그러다가 학부 수준보다 더 전문적으로 프랑스어를 다루는 통번역대학원에 들어가기로 결정하고, 국내에 유일한 입시학원에 들어갔다. 그런데 학원 선생님은 내게 한국어 발화 능력이라는 장점이 있어 2차 시험에서는 눈에 띌 수 있겠지만 이대로라면 안타깝게도 1차 시험에 불합격할 것 같다고 했다.

통번역대학원 입학 시험은 두 번으로 나뉜다. 1차는 작문 시험이고, 2차는 교수진 앞에서 구술을 해야 한다. 1차 시험은 통상 어렵지 않게 합격할 수 있고 당락이 2차에서 나뉘게 되어 있다. 그렇게 대체로 합격하는 1차 시험에서도 작문 실력이 허술하여 탈락하겠다는 이야기였다. 1차 시험을 준비하던 시기가 8월이었으니 시험을 두어 달 앞두고 들은 소식으로 기억한다.

작문에 문제가 있다는 사실을 너무 늦게 알고는 연습량을 대폭 늘리고 잘할 수 있는 방법을 매일 찾으면서 연습했다. 지금으로서는 승산이 없음을 확인하고도 '역부족인 시간 안에 대충 응시할 바엔 완벽히 준비해서 다음 해에 보고 말지'라는 생각은 하지 않았다. 스터디 양을 늘리고, 전날 배운 내용과 오늘 배운 내용 간의 연결과 발전을 고민했다. 시험에서 쓸 수 있을 것으로 보이는 잘 쓰인 문장만 따로 모아 필사하고 손으로 쓰면서 외우는 식으로 그 방법 자체는 특별하지 않았다. 다만 양으로 승부한다거나 고민 없이 반복하지는 않았다. 통역에서는 스터디 양을 늘리고 모든 스터디에서 뱉는 발화를 녹음해서 전사한 다음 고치고…… 그렇게 두 달간 하루도 거르지 않고 연습하고 나니 1차 시험뿐 아니라 최종적으로도 합격했다. 게다가 입학 성적으로 과에서 두 명 주는 장학금을 받았다.

연습은 최대한 거창하게

이런 성공의 배경에는 어쩌다보니 독특하게 수능을 치른 경험이 있었다. 나는 고등학교를 자퇴하고 2학년 나이에 수능을 보게 되었다. 그러다보니 시험을 잘 볼 거라는 생각은 전혀 하지 않았다. 문제집을 가지고 독학으로 하는 수능 준비는 어려웠고, 매일 공부를 하려고 앉아는 있어도 머릿속으로는 방황을 했다. 그러다 정신을 차리니 9월이었다. 수능은 11월이라 이미 늦었다. 그렇지만 그대로 시험장에 들어가기보다는 최소한 시험에 대한 예의를 차리자는 생각이 들었다. 그리고 그날부터 할 수 있는 한 준비했다. 할 수 있다면 실제 시험을 이용해 최대한 거창하게 연습하는 게 득이 된다고 생각했다. 처음 보는 모의고사가 수능인 셈이었는데 아무런 기대도 하지 않았다. 그런 덕에 마음이 편해서였는지 모든 과목에서 총 다섯 개를 틀렸다. 그 길로 목표하던 대학에 갔다. 더 준비하고 들어가겠다고 미루었다면 놓쳤을 결과였다.

대충 탁월해지겠다는 말은 단 하나의 의미만으로 해석될 수는 없다. 그러나 우선 탁월함에 대한 세간의 기준이 오히려 대충이나마 돌입할 노력을 하지 않도록 만든다는 점을 지적하고 싶다. 당시의 나 정도의 실력을 가지고 마찬가지로 시험을 얼마 앞두지 않은 사람들은 막바지에 나처럼 최선을 다해 바빠지는 대신 완벽하게 노력할 수 있을 때를 기약하며 학습 혹은 시험 응시를 미뤄버리는 선택을 할 확률이 있다. 즉석에서 시험관과 말하기를 해야 하는 종류의 외국어 시험에 대해서 그런 모습이 자주 보인다. 특히 산만한 기질을 가진 사람들이 마지막을 놓쳐버리는 일이 혼하다.

시험이 얼마 남지 않은, 평온하지 않은 돌발 상황에서 게릴라 러닝의 장점이 드러난다. 나는 모든 시험을 연습 시험처럼 본다. 모의고사 대신 실제로 결과가 나오는 시험만 골라 응시한다. 응시료가 비싸도 어쩔 수 없다고 생각하고 빨리 낸다. 그러면 원하는 결과가 단번에 나와 결론적으로 들어가는 비용이 줄 확률이 있기 때문이다. 해당 시험 결과가 나빠서 한 번 더 응시해야 한다면, 빨리 시험을 봐서 경험이라도 쌓였으니 좋은 일이다. 마음만큼 준비가 덜되었다고 해도 시험 날에는 그런 경험이라도 쌓을 수 있기 때문에 절대 결시하지 않는다. 내 마음에 들게 준비할 수 있는 날은 어차피 오지 않기 때문이다. 그리고 필요한 준비를 평가하는 기준을 시험 날인 끝점에 맞추고, 앞에서는 안일했을지라도 마지막에 총량을 맞춘다. 그런 생각으로 남은 시간 안에 최대한 준비할수록 준비의 정도가 서서히 흡족해진다. 앞서 언급한 독일어 시험을 볼 때도 마지막 주에 원래 다른 시험에 임할 때와는 달리 최선을 다하지 못해 결시를 하는 것이나 다름없다고 생각했지만 예상외로 높은 50점이라는 결과를 얻었다.

미룰 바에는 대충 잘하자

넉넉한 시간을 확보하겠다고 시험을 미루는 대신 그동안 다른 데 정신을 파느라 촉박해진 시간을 최대한 만회하는 전략을 쓴다. 이는 통번역대학원에 합격하고 마지막에 치러야 하는 졸업 시험에도 유효했다. 통번역대학원은 논문을 쓰는 대신 통역과 번역을 실시간으로 하는 졸업 시험을 치러야 하고, 각 시험의 합불 여부에 따라 졸업 전공이 달라진다.

여느 '공부만 할 수 있다면'을 외치는 사람들처럼 나 역시 처음에는 양껏 프랑스어를 배우겠다는 포부를 안고 입학했다. 그러나 첫 학기에 예기치 못하게 작가가 되었다. 강연 요청이나 출판 활동의 양이 무척 많아졌다. 그래서 도저히 학교 과정을 따라갈 수 없었다. 첫 책을 낸 뒤로 방학에는 시간을 프랑스어에만 할애하겠다고 했지만 방학마다 새 책이 나오는 등 일이 잠잠해질 기미가 없었다. 휴학이나 자퇴를 수도 없이 고민했다. 그래도 차라리 다가오는 졸업 시험까지는 보고, 결과에 따라 재응시를 하기로 했다. 그래서 집필하고 싶은 책이 떠오르면 몰두해 작업하고, 과제는 그저 제출에 의의를 두고 수업에 빠지지 않는 선을 유지하며 학교를 다녔다. 그러다보니 어느덧 2년의 시간이 흘러 졸업 시험이 2주 앞으로 다가왔다.

　당연히 시험을 완벽하게 준비할 수 있는 시간을 확보하고 시험을 치르고 싶었다. 그러나 그런 날이 올 리가 없다는 걸 세 번의 경험으로 알고 있었다. 내 인생은 이렇게 그저 수많은 일이 한꺼번에 휘몰아치면서 그 와중에 실력을 측정하기 위한 시험을 자주 치르는 레퍼토리를 가지고 있음을 그때쯤에는 완전히 인지해서 더 이상의 고민이 없었다. 그렇게 경험이 늘어갈수록 짧은 시간을 활용할 수 있는 능력이 높아진다. 그래서 손을 놓아버린 채로 시험장에 들어가는 대신 여태까지 놓았던 모든 걸 수습해보려는 필사적인 발버둥을 치고 되는대로 시험장에 들어갔다. 결과는 동시통역 시험까지 통과해 국제회의통역 전공으로 졸업했다.

　졸업하기까지 대충 살지 않았다면 탁월한 결과를 거두기 전에 포기했을 것이다. 통번역대학원을 다니고, 동시통역 시험을 통과해도 더, 더, 더를 추구하며 자꾸만 기준을 높이면서, 프랑스어를 더 잘하는 사람과 자꾸만 비교한다면 실력이 늘어나는 대신 오히려 멈추었을 것이다. 학교를 대충 다닐 수밖에 없었다고 마지막에 성실하지 않았다면 대충 끝났을 것이다. 대충 잘하고 싶은 마음은 대충하느니 다음에 하자는 마음보다 불성실하게 받아들여지거나 마치 노력 없이 타고난 듯이 이해되지만 그렇지 않다. 졸업하기까지는 대충 살았고 결과는 탁월했다.

10. 게릴라 러닝의
   리듬을 만드는 행동 방식

언어는 음악과 같다

프랑스어를 배우고자 하는 모두 목적은 달라도 바람은 같다. 유창해지는 것이다. 따라서 나는 유창성을 집중적으로 훈련한다. 유창성은 말이 잘 흘러나가게 하는 모든 요소이자 언어를 행위하는 힘으로, 소통에 있어서는 곧 정확성이라고 할 수 있다. 이 개념은 엄밀성과 반대되지 않는다. 그런데도 자꾸만 문법은 정확성에 등치하고, 유창성은 허술함과 연결하여 둘을 대비하는 구도가 존재한다. 하지만 문법에 집착해도 문법을 제대로 쓰지 못해 오류가 생기는 건 물론이고, 정확한 말하기를 숙지하지 못한 경우를 꼼꼼함이라고 일컫는 일도 허다하다. 언어의 음악적인 요소를 잘 익히지 않고 소리 안에 글자가 정답처럼 쓰여 있다고 여겨 소리를 파헤쳐 그 속에 담긴 '뜻'을 찾아야만 한다고 생각하면 그런 결과가 나온다.

그런데 유창성을 구사하는 훈련에 재미를 느끼는 수강생들일수록, 언어에 대한 정확한 이해를 방해받을까봐 우려하는 경우가 많다. 공부가 억제의 다른 말이 되어서 그런 것 같다. 그러나 배우는 분야에서 실력을 쌓고 좋은 성과를 거두는 게 학업의 목적이다. ADHD가 외국어 유창성에 강점을 보인다는 연구 결과를 접하고 놀란 적이 있는데, 경험적으로 되돌아보아도 산만한 기질은 즉흥적으로 언어를 행위하는 유창성에 도움을 준다. 규칙에 약하고 충동적인 성질을 가졌기 때문에 당연한 결과다. 그런데 산만한 사람들은 발산하는 성질의 외국어에 매료되면서도 자꾸 자신을 억누르면서 지루한 연습을 해야만 한다고 느껴, 오히려 전반적인 퍼포먼스를 떨어뜨린다.

따라서 나는 학생들에게 리듬을 가르치는 데 집중한다. 리듬의 정의는 '음이 흐르는 시간의 규칙'이라고 하는데, 게릴라 러닝이 시간을 붙잡아두어 감독하는 대상으로 보지 않는다는 특징을 지닌다는 점만 보아도 리듬은 확실히 게릴라 러닝의 핵심이라고 할 수 있다. 언어가 음악과 그리 다르지 않다고 보므로 이 장에서는 게릴라 러닝을 음악에 빗대 보아도 좋을 것 같다.

이 학습법이 한 곡의 음악이거나 장르라면 어떤

특징을 가질까. 템포는 전반적으로 빠를 것이다. 평균적으로 예상되는 도달 시간보다 빨리 성취를 해내는 기술이기 때문이다. 일례로 나의 프랑스어 수업은 평균 1년 정도 소요되는 중급자에 4.5개월 안에 도달하기를 목표로 한다. 그리고 중간중간 갑작스럽게 끊기는 듯한 공백이 있을 것이다. 옆길로 새는 듯한 변주가 잦을 것이다. 그러나 용케 제자리를 찾아서 다시 돌아오면서 여러 갈래의 변주가 한 점으로 수렴된다. 막바지에 이르러 공백으로 쌓아두었던 음이 쏟아져 내리면서 막을 내린다.

이렇게 설명하면 그리 어렵지 않게 상상할 수 있을 만한 전개가 '공부'라는 글자에 갇히면 영 이해하기 어려워진다. 프랑스어 수업을 할 때 문법을 가르치지 않는다는 설명을 여러 번 적어두어도 계속해서 같은 문의가 온다. 그럼 문법은 어떻게 배우나요? 문법 학습은 모국어를 당연하게 구사한 이후에 이루어지는데도 이 질문은 끊이지 않는다.

내가 중학생 때부터 꾸준히 즐겨 듣던 음악의 장르가 알고 보니 블루스였는데, 블루스라는 음악에는 어딘가로 도달하려는 성질이 있다는 음악 전공자의 설명을 듣고 놀란 적이 있다. 그러니 내가 음악의 운동성에 대해 생각해보지 않았던 것처럼, 언어 그리고 언어 학습의 음악성에 대해서 생각해보지 않았던 사람들이 이 이야기를 생소하게 느낄 수 있겠다.

빠르다: 꽂히면 판다

발화량을 많이, 빨리 처리할 수 있을수록 외국어 실력이 좋다고 평가된다. 게릴라 러닝도 어떤 분야에서든 많은 양의 성과를 낼 수 있도록 한다. 행동 방식은 간단하다. 꽂히면 꽂히는 대로, 고민이 끼어들 여지 없이 즉시 파고들어간다. 이게 끝이다.

흥미는 일상에 심어진 씨앗과 같아 크기가 작을 때에는 거기 공을 들이는 게 낭비 같다. 그리고 그 씨앗에 몰두하여 뿌리가 자라면 자랄수록 일상이라는 토양은 망가진다. 야속하게도 잘 자라는 흥미일수록 일상과 큰 관계도 없고 당장 쓸모도 없기 마련이다.

예를 들어 나는 유치원생일 무렵 문득 집 근처 가장 큰 마트 앞에서 미숫가루 슬러시를 파는 이미지에 깊이 사로잡혔다. 더운 여름날 슬러시 기계에 맺힌 이슬을 또렷하게 감각한 순간부터 부디 그 자리에서 슬러시를 팔 수 있기를 소망했다. 파리에 박사를 하러 가자마자는 길거리에서 붕어빵을 팔고 싶다는 생각에 강렬하게 꽂혔다. 나의 이야기를 들으면 미숫가루요? 붕어빵이요? 하면서 황당한 기색을 보이지 않는 사람이 없다. 그 외에도 원목 가구를 팔고 싶다, 터키에 집을 사고 싶다, 누군가와 함께 중고차를 팔고 팔아 살 수 있는 가장 큰 배를 갖고 싶다, 하면서 살면서 가진 강력한 흥미에 대해 이야기하면 반응은 크게 나누어 두 가지다. 이제 그만! 혹은, 나도 나도!

'자꾸 그렇게 이것저것 건드리지 말고 하나만 제대로 해라!'라는 말을 자꾸 듣게 되는 사람들이 있다고 앞서 말한 바 있다. 그런데 그렇다면 하나에 열중하는 순간에는 그런 이야기를 듣지 않아야 한다. 그래서 마음 놓고 정신을 팔다보면 이런 말을 들을 것이다. '아니, 그걸 왜 그렇게 열심히 해? 그걸로 뭐 하게?'

예를 들면 성인이 되어 배우는 프랑스어가 그렇다. '너 프랑스 가게?'는 양반이다. '그래서 너, 프랑스라도 가게?'는 조금 노골적이다. 비슷한 메시지를 담은 조금 더 긴 버전은 '미쳤어? 정신 차려. 이제 와서 프랑스어를 배워서 네가 뭘 하려고 그래……' 그런데 또 '미쳐야 미친다' 유의 문장은 자기계발의 금과옥조가 아닌가. 관심을 가지는 종류가 남들보다 많아 한소리를 듣게 된다면, 한 순간에 한 가지에 몰입하는 정도도 과할 수 있다. 그러나 지갑에 돈이 과하다고 위험할 사람 없다면, 한 분야에 몰입을 과하게 한다고 나쁠 것 없다는 게 게릴라 러닝의 지론이다. 괜히 중도를 찾으려 하지 말고 그 에너지를 타고 최대한 멀리 가보는 게 좋다.

예를 들어 요즘 우리 수업의 수강생들은 적잖이 축구에 미쳐 있다. 파리 생제르맹의 이강인 선수의 경기를 직접 보기 위해서 파리로 여행을 갈 계획을 세운다. 여행을 가려고 프랑스어를 배우겠다면서 상담을 올 때는 하나같이 축구 유니폼을 입고 온다. 그러나 성인이 훌쩍 넘은 여성들이 밤을 새워 그의 경기를 본다 한들 그들이 전부 축구 선수나 해설사가 될 수 있을 리도 없고, 경기를 보랴 유니폼을 사랴 지출하는 금액을 충당할 수 있는 묘안을 찾기도 어렵다.

프랑스어를 학사 전공으로 삼고, 프랑스어 통번역 석사를 졸업하고, 파리로 박사를 잠시 다니고, 한국인 성인들에게 프랑스어를 가르치고 있는 나의 이력은 멀리서 남들 보기에 산만한 사람들과는 전혀 다른, 한 우물을 꾸준히 판 사람으로 보일 것이다. 축구라는 취미에 미쳐 새벽까지 깨어 있는 사람들과 프랑스어 전공자를 비교하는 건 무리로 느껴질 만큼. 가까이에서 나를 본 사람들은 이토록 산만하고 쓸모 없는 짓을 꾸준히 하는데도 용케 확실한 하나 정도는 가지고 있는 사람으로도 보일 수 있다. 좋아하는 것을 업으로 삼은 바람직한 사례.

그러나 막상 프랑스어를 시작한 시기에 나는 중학생이었다. 성인이 되기 전에, 아직 머리가 말랑할 때 외국어를 시작했다니 더욱 좋은 선택을 했다고 여겨질 수 있겠지만, 한국에서 중학생이 프랑스어를 취미로 삼는 건 바람직한 시기의 바람직한 선택으로 보이지 않을 확률이 더 컸다.

한국에서 중학생은 어찌 보면 가장 바쁘다. 입시라는 중요한 시험을 치르는 중요한 고등학교에 들어가기 직전인, 미래를 결정짓는 중요한 시기. 수능이 끝나기 전까지는 이 레토릭이 어느 학년에서나 먹힌다. 이 경험의 좋은 점은 어른이 되어 프랑스어를 뭐하러 배우냐는 말에 걱정하는 수강생에게 '청소년기에는 어른 되면 얼마든지 배우면 되니까 관심 갖지 말라고들 했을 거예요'라고 답할 수 있다는 것이다.

게릴라 러닝은 산만함은 타고나는가 아닌가를 질문하는 대신 긍정한다. 내버려둔다. 그리고 그 가운데 우연하게 심어지는 씨앗이 생기면 뿌리를 내릴 수 있도록 최대한 깊이 파고든다. 그리고 이 씨앗을 장차 무엇으로 만들어야 한다는 고민을 그 순간에 하지 않는다. 그러다가 다른 씨앗이 심어지면 또 그것을 틔워

본다. 둘을 가지고 무엇을 해보아야겠다는 생각도 굳이 하지 않는다. 다른 씨앗에 관심이 쏠리면 쏠리는 대로 간다.

　　나는 흥미가 꽂히는 영역이라면 무엇이든 파고든다. 새로운 주제가 눈에 들어오면 일상을 그 주제를 중심으로 굴린다. 예를 들면 부동산에 대해 알아야 할 것 같다고 느끼자마자 국내에 존재하는 부동산 인터넷 강의를 거의 다 듣고, 저자에게 메일을 보내 답장도 받고, 직접 경매 현장에 가서 입찰도 하고, 주택도 두 번 구입해보았다. 식품 유통이라는 영역을 알고 싶다고 생각하고는 무인 아이스크림 가게를 차렸다. 그리스와 튀르키예를 거쳐 파리 다음 한국으로 들어왔던 여행은 세계일주의 일부였는데, 그 세계일주를 기록하는 유튜브를 만들기 직전에 국내의 거의 모든 여행 유튜브의 모든 영상을 다 보았다. 미리 정해진 규칙도 시간을 관리하는 루틴도 만들어두지 않고, 스스로에게 이 영역으로의 진입을 허락해도 될까 고민하지 않으니 제법 가능하다. 번역이 가장 적극적인 독해이듯 사업은 학습을 가장 적극적으로 실시할 수 있는 영역이다. 그러므로 방금 언급한 나의 사업은 학습의 과정이자 결과라고 볼 수 있다. 게릴라 러닝이라는 학습법이 같은 이름을 한 회사의 모습으로 존재하는 이유다. 공부에 대해서도 '시간을 얼마나 투자하면 좋을까요?' 하는 경제의 언어를 경유하기 마련이라는 점을 고려하면 학습과 사업은 더욱 연결되어 있다.

그러니 성인이 축구에 관심을 가진다면, 좋다. 프랑스어에 관심을 가졌다면, 그것도 좋다. 축구 때문에 프랑스어에 관심이 생긴다면, 마찬가지로 좋다. 이런 관점으로 만든 프랑스어 수업에서, 수강생들은 자신이 가진 흥미를 당장 생산성 있는 무언가로 변화시켜야 한다는 생각을 하지 않을 수 있다. 그렇기 때문에 파고들어갈 수 있는 깊이는 오히려 더 깊어지고, 구덩이를 깊게 하는 흥미의 힘은 더 오래 지속된다.

꽂히는 관심사라면 무엇이든 신속하게 파고드는 측면에서 중요하게 길러야 할 힘은 이 흥미가 결국 무엇이 될지 당장 답을 구하지 않고도 지속하는 시간을 늘리는 것이다. 흥미는 일부러 만든다고 생기기 어렵다. 그러니 어딘가에 이끌려 불이 붙었다면 그 에너지를 타고 몰입을 최대한 유지하는 데 신경을 쓰는 게 좋다. 흥미를 달구어졌을 때에만 모양을 잡을 수 있는 유리와 비슷하게 여겨야 한다. 그사이에 자꾸만 질문이 끼어들면 관심을 끊을 수도 없고 결과를 키울 수도 없는 채로 끝나버린다.

씨앗 정도에 지나지 않았던 흥미가 싹을 틔우고

뿌리를 뻗어서 몸통이 굵어지면 그때부터는 누가 보아도 그럴싸해진다. 이미 키운 나무에 대해서는 아무도 질문하지 않는다. 그렇게 몇 그루만 있어도 제법 울창해 보인다. 게릴라 러닝은 이 나무와 저 나무 가운데 하나를 선택해 집중하는 데에는 관심을 가지지 않는다. 두 나무를 똑같이 완벽한 수준으로 키워내는 방법도 연구하지 않는다. 이왕 생겨난 씨앗을 최대한 크게 키워보는 데에는 관심을 갖지만, 가장 중요하게 생각하는 건 다 합해서 이 숲이 얼마나 울창해지겠느냐이다. 흥미는 생산성을 방해하는 요인이 아니라 모든 생산의 시작점이다.

축구를 좋아하는 학생들을 위해 축구 이야기만으로 프랑스어에 진입해 중급까지 갈 수 있도록 하는 수업을 새로 만들었다. 그들은 생존 혹은 생산을 위해 어느 시점에는 흥미를 잃어야 한다는 생각 없이 과정을 마칠 것이다. 그리고 수업이 이루어지는 사무실 겸 배달 카페에서 처음으로 팔린 메뉴는 미숫가루였다.

열정적으로 파고들었던 영역에 대한 관심이 갑자기 찾아왔듯 이런 결과를 남기지 못하고 갑자기 사라지면 어떻게 할까? 그냥 멈추고 잊어버린다. 그리고 그랬다는 사실에 대한 일말의 죄책감을 갖지 않는다.

갑작스러운 공백: 시들하면 멈춘다

나는 많은 분야에 진입한다. 그리고 적잖은 성과를 본다. 그러나 중간에 끊기거나 잊어버린 분야도 당연하지만 셀 수 없다. 최근에는 독일어와 드럼이 그랬다.

드럼을 해야겠다는 생각이 왜 났는지조차 모르겠다. 언어가 음악과 같다는 사실은 잘 알고 있었지만 막상 음악을 할 수 있을 거라는 엄두는 내지 못했다. 그러다가 갑자기, 음악이라는 분야에 끼고 싶었다. 그러면 좋을 것 같았다. 이 말을 들은 동료가 '나는 드럼 해보고 싶었는데'라는 말을 했다.

드럼이라면 나도 흥미를 가진 적이 있었다. 대학 시절 한 달 등록하고, 하루 출석한 다음 그대로 끝나버린 취미였다. 그래서 나는 동료의 이야기를 남이 하는 말처럼 들었⋯⋯가 드럼 학원을 검색한다. 그리고 다음 날 우연히 만난 뮤지션에게 드럼 선생을 소개해달라고 해서 레슨을 잡고, 드러머가 나오는 영상을 끊임없이 보다가, 연주 실력이 너무나 뛰어난 드러머를 발견하고는 연락처를 수소문해 레슨을 하는지 알아본다. 한다고 하니까 레슨을 또 잡는다. 중학생 때부터 즐겨 듣던 밴드의 모든 노래를 카피하고 싶고, 그중에서도 〈크리스마스에 눈이 온다면〉이라는 빠르고 어려운 노래를 연주할 수 있기를 바란다.

　드럼과 나는 무관하다고 여기자마자 그렇게 튀어나간 이유는, 왜 무관했던가를 불현듯 알아차려서였다. 나는 바로 이 질문에 막혀 그 뒤로 드럼 근처에는 얼씬도 못 했다.

　"너 드럼 친다면서 그 한 번 나간 뒤로
　학원 안 갔지?"

　여러 가지에 흥미를 갖는 사람들이 '하나나 제대로'에 준할 만큼 많이 듣는 말이 '한 번 시작했으면 끝까지 해야지!'다. 그런데 이렇게 여러 가지를 건드리는 사람들이 포기를 잘하느냐 하면 그렇지 않다. 오히려 무한히 발산하는 갈래 앞에서 포기할 수 있는 결정하지 못하기도 한다. 그러면 업무에서 10분 발표에 쓰기 위한 자료 조사를 부탁받고 100분을 써도 못 쓸만큼 방대한 자료를 넘기게 된다. 어떤 정보를 버렸는데 혹시 남이 보기에 필요한 것이었다면 어떡하지? 하는 생각에 압도되기 때문이다.

　주어진 시간 내에 필요한 자료를 빨리 추리고 찾아낸 정보를 가공해서 결과물을 만드는 능력은 바람직하다고 여겨진다. 그런데 이런 판단은 포기를 자주,

빠르게 하면서 얻을 수 있다. 하지만 이런 태도는 경솔하기 때문에 고쳐야 하는 것처럼 여겨진다. 그러니 결국 바람직한 태도도 갖지 못하고 결과적으로는 경솔한 사람 취급을 받기가 쉽다. 그러니 애초에 경솔하다고 취급받는 발산하는 사람들일수록 차라리 잘 포기하는 습관을 꼭 터득해야 한다. 달리 말하자면 그렇게만 하면 관심사의 영역이 넓다는 점의 이점만을 활용할 수 있다.

하나의 언어를 배울 때에도 비슷하다. 모르는 부분이 아니라 아는 데 집중해야 내가 가진 언어를 넓혀 나갈 수 있다. 그래서 문법도 가르치지 않고 단어장도 주지 않다. 들어본 언어에 반응하고, 확실히 알아본 표현이 내 입과 손에서도 나갈 수 있도록 시도하는 과정을 반복하면 언어는 무조건 늘어난다. 그 과정에서 내가 쓰는 언어는 해당 언어의 외부에서 이방인처럼 겉도는 대신 그 체계 안에 자리를 잡는다.

똑같은 양의 언어를 빠르게 발화해내기 위해서는 소리 각각이 제 힘으로 움직이기보다 그 아래에 깔린 리듬을 타고 흐를 수 있어야 한다. 리듬은 음이 흐르는 시간의 규칙이라고 했고, 규칙에서는 음, 그리고 음과 음의 간격이 모두 중요하다. 그러니 음뿐만 아니라 공백도 잘 만들어내야 한다. 음악에서는 음표

만큼이나 쉼표도 중요하다는 말이 직관적으로 받아들여지는 것 같은데, 언어를 배울 때에는 글자에만 신경을 쓰고 글자와 글자 사이를 배우는 데 관심을 두지 않는 경우가 많다. 그러면 아무리 많은 단어를 알아도 영 어색하게 말하게 된다.

한 번 시작했으면 끝까지, 조금씩이라도 꾸준히 학습을 이어가야 좋다는 이야기가 진리처럼 떠돌지만, 그러다가 속도가 느려지고 리듬이 사라지느니 공백을 갖는 편이 좋다. 게다가 갑자기 생겼던 관심이 일상에 끼어들었다가 제 발로 나가준다면? 그만큼 다행스러운 일이 없다. 원체 많았던 가짓수에서 하나를 뺄 일이 생겼다니 좋은 일이다.

'프랑스어를 배웠다가 안 써서 잊어버리면
아깝지 않을까요?'

하지만 이때에도 그다지 걱정할 건 없다. 언어를 잊어버렸다는 뜻은 그 언어를 쓰지 않고도 일상이 지장 없이 굴러갔다는 의미이다. 특정한 언어를 필요로 하는 환경에 놓여 그것을 사용하면서도 계속 잊어버린다면야 문제라고 할 수 있겠는데, 당연하게도 이런 일은 잘 일어나지 않는다. 매일 자전거로 출퇴근을 하면서 자전거를 어떻게 타는지 잊는 일이 생기는 건 정말로 쉽지 않다. 혹은 그런 일이 일어난다면 이미 자전거를 타고 못 타고가 문제가 아니라 더 큰 이상이 생긴 것이다. 그러니 어떤 배움이 필요 없어 잊을 때에는 잊히게 두어도 된다.

그렇게 나는 결석을 많이 했기 때문에 다시는 배우지 않아야 한다고 생각한 드럼을 열렬히 배웠다. 10년간의 시간을 따라잡으려는 듯 12월 초부터 2월 말까지 무척 열심이었고, 하루에 세 시간 넘게 연습을 했다. 앞서 말했듯 파고드는 동안에는 이 몰입이 하루라도 더 갈 수 있도록 최대한 밀어붙였고, 조금 귀찮다는 생각이 몰입을 깨버리지 않도록 피곤한 날에도 연습을 하러 갔다. 당연하게도 실력이 일취월장했고, 드럼 연습실 사장님은 나같이 빠르게 배우는 사람을 처음 본다고 했다. 이 학습 과정은 독일어 학습 과정과 비슷했다.

앞서 언급했듯이 3월쯤, 오스트리아인 감독으로부터 빈에 있는 자기 집에 놀러 오라는 초대를 받고서 연말에 빈을 여행하기로 한다. 이 계기에 살을 보태다가 결국 세계일주까지 확장한 것이다. 여름에 유럽 여러 나라를 거쳐 연말에 빈으로 향한다는 대략의 그림을 가지고 출발하기로 했다. 그리고 또 살을 보태어,

그 과정에서 들르는 나라의 말을 똑같은 방식으로 습득해보기로 했다. 연말에는 독일어를 잘하겠다는 목표를 가지고 시작한 이 여정은 이스탄불 공항에서 사건을 겪으면서 예상보다 빨리 끝나 한국으로 들어오게 되었다. 그리고 독일어와 드럼은 사라졌다.

버리게 될 때에는 확실하게 버린다. 그래야 어차피 흥미를 동력으로 움직이지도 못하게 된 영역에 대해서 인지를 소모할 시간이 줄어든다. 그만두었다고 해서 마음이 찜찜할 이유도 없고 스스로를 책망할 필요는 더더욱 없다. 그리고 내가 그렇게 가장 오래 놓아두었던 건 프랑스어였다.

중학교 때 시작해, 불어불문학을 전공하고, 통번역대학원에서 석사를 하고, 박사까지 시작했다가 프랑스어 학원을 차렸다니 산만한 가운데에서도 하나 정도는 꾸준히 이어간 사람처럼 보였을 수 있다. 그러나 그 일직선의 모양은 사실 무척 성긴 바늘땀 같다. 사이사이에는 대단한 공백이 있다. 그리고 학력으로는 이어지는 기간 동안에도 프랑스어를 모른 체하고 지낸 시간도 길었다. 중학교 때 시작한 프랑스어는 한 달을 못 갔다. 불어불문학과에서는 프랑스어를 할 수 있도록 가르치지 않는다. 프랑스어를 가장 활발히 공부했어야 하는 통번역대학원에 들어가자마자는 작가

활동에 매진할 수밖에 없었다. 4년간 프랑스어를 한마디도 말하지 않아 쉬운 단어의 발음마저도 완벽히 잊어 황당했을 정도였다. 그러니 공백은 그 자체로는 성과를 해치지 않는다.

오랫동안 몸 속에 감각으로 축적한 기억은 처음에는 아찔할 정도로 완벽히 사라진 듯했다가도 이내 높은 탄력성을 가지고 되살아날 수 있다. 오히려 붙잡고 있었다가 놓아버린 다음 다시 시작하면 더 발전하기도 한다. 프랑스어 수업의 수강생들 중에는 학사 일정이나 취업을 이유로 영어 시험을 접수만 해두고, 프랑스어를 배우느라 영어에 소홀했던 뒤에 더 높은 점수를 받아오는 경우가 적지 않다. 이들은 그 이유 중 하나로 그간 너무 익숙했던 영어를 다시 보면서 새롭게 익히며 더 잘 구사할 수 있게 되었기 때문이라고 한다. 내게는 프랑스어가 그랬다. 4년이라는 공백 이후에 갑자기 다시 구사해야 하는 상황에 놓이니 오히려 전보다 더 나아졌다. 그러니 성취를 원한다면 핵심은 공백 이후이다.

변주와 수렴 : 만회한다

프랑스의 영화감독 아녜스 바르다는 영화에 직접 배우로 출연해 본인을 연기하거나, 비전문가를 캐스팅해 본인 이야기에 기반한 영화를 찍는 다큐멘터리 감독으로 유명하다. 그러나 이 감독은 인터뷰에서 흡사 실제 상황을 그대로 기록한 듯한 자신의 영화가 '전부 연출된 것'이라고 말한다. 각본을 쓰는 일을 촬영 직전까지 최대한 미룰지라도, 영화 속에 담기는 장면은 전부 감독의 계산 안에서 움직였다는 의미이다.

게릴라 러닝도 비슷하다. 흥미에 이끌려 몰두하고 그러다가 잊어버리는 흐름으로 성과를 내므로 진행이 자연스럽다. 무언가에 몰두하는 대부분의 시간이 즐겁고, 귀찮음에 굴복해 죄책감을 느끼는 시간이 하루 중에 없다시피 하고, 그 시간을 모아서 짧게 폭발적인 성과를 낸다. 이 말은 '그럼 이 모든 게 타고났다는 말이냐' 하는 질문을 불러온다. 많은 친구들이 내게 '나는 네가 무든 걸 쉽게 하는 줄만 알았어, 그런데 노력을 많이 하는구나……'라고 이야기할 때를 떠올려보면 타고났다는 말의 반대는 노력한다이다. 하지만 노력도 재능이고 재능도 연습으로 늘어난다. 게릴라 러닝이 결국 타고난 사람의 이야기인지 아닌지,

혹은 타고난 건 없고 노력하라는 이야기인지 아닌지에 대해서는 아녜스 바르다가 영화를 만드는 방식과 비슷하다고 하겠다. 자연스러운 흐름을 최대한 활용하지만, 그것을 자양분으로 의도를 가지고 움직인다. 의도가 개입하는 건 최후까지 미룬다.

그 주요 전략은 학습이 중단되었던 시점에서 언제든 다시 시작해 만회하는 것이다. 발산한 모든 관심사를 회수할 필요는 없고 그 총합을 최대한 늘리면 좋다. 가짓수를 늘리거나 수준을 높이거나 둘 다 상관없다. 잊었다가 다시 시작하는 것은 그럴 만한 계기가 오거나 그렇게 한다면 도약할 수 있을 것 같을 때 하면 된다. 그럴 때 사실상 학습에 걸림돌이 되는 건 오랜 시간이 지나 잊었다는 사실보다도, 이걸 이제 와서 다시 한다고 될까…… 하는 의혹, 그때 꾸준히 했더라면…… 하는 죄책감, 나는 쓰레기야, 돈을 낭비했어…… 하는 수치감 등이다. 외국어가 전형적이다.

많은 성인들이 새해에는 달라지고 싶다는 마음으로 외국어를 시도한다. 그러나 새롭게 삶을 시작하고 싶은 의욕과는 달리 일상이 번잡하기는 매년 똑같다. 그래서 초반에 한두 번 출석하고 나면 대부분 슬그머니 사라진다. 아무리 번잡한 세상에서도 의지박약은 자기 죄이고 선생은 학생을 평가해 마땅하니 학원에 다시 등장하기 민망해서 결석하는 횟수가 늘어난다.

한 번 수강한 시스템 내에서 결석이 한두 번 늘어나면 아예 다른 곳에서 처음부터 다시 시작하겠다는 의욕을 불태운다. 이렇게 자꾸만 사라졌다가 부활하고자 하는 욕구는 '전부 아니면 전무all or nothing'라는 극단적 선택을 부추긴다. 나는 그래서 프랑스어 수업의 기간을 다른 학원과 다르게 설정했고, 첫 한 달 이외 두 달 간에는 결석을 오히려 권장했다. 그런데도 학생들이 내게 수업을 오래 빠져서 얼굴을 보기가 죄송스러워 다시 수업을 듣는 데 시간이 걸렸다는 이야기를 자주 하는 걸 보면 공백은 죄라는 통념이 지배적이다. 그러나 그럴 필요가 없다. 이 수업 안에서 나보다 프랑스어를 오래 버려두었던 사람은 없기 때문이다.

프랑스어라는 제2외국어를 시작한다면 처음부터 끝까지 온전하게 참여해야 한다고 생각하고, 그렇게 출석하지 못하면 스스로를 벌주는 심정으로 다시 수강을 시도하지 않는 학생들이 많다. 그러나 이런 마음은 자신에게 상처를 준다는 면에서나 성취에 도움이 되지 않는다는 면에서나 불필요하다. 그래서 교육 과정을 월별 결제가 불가능하게 4.5개월을 한 단위로 설정했다.

처음 시작하며 의욕이 강하고 호기심이 많을 때 참여한다. 그러고 나서 불성실한 참석에는 그다지 개의치 않는다. 만일 여기에 신경을 쓰면서 출석이나 느린 성장에 연연했다가는 충분히 역전할 수 있는 시점에 시험을 포기해버리는 결과가 나올 수도 있다. 그래서 중간에는 과제도 복습도 별달리 내주지 않는다. 그러고 나서는 중급자 시험에 응시하기를 권장하면서, 시험 2주쯤 전부터 매일 한 시간씩 연습을 한다. 나와 수업하고 싶은 학생들은 이 리듬에 대해 처음부터 듣는다. 시험이 2주 앞으로 다가오기 전까지는 사정상 가능한 한에서 참석을 목표로 할 뿐 반드시 출석을 해야 한다거나 수업에 나온 내용을 숙지해야 한다는 생각을 하지 않는다. 그러다가 2주간은 열심히 참여한다. 어차피 얼마 남지 않은 시간, 참여하나 하지 않으나 크게 실력이 늘 리 만무할 때에는 늘 수도 있다는 데 걸게 하는 것이다. 시험이 다가오는데 성취가 나타나지 않는다고 포기할 생각을 하지 않고 시험장까지 함께 간다. 학생들의 성장 폭은 이때 놀랍게 커진다. 개인차는 있지만 자신이 경험할 수 있는 폭 중에서는 가장 크게 커질 수 있다. 도약은 드러나지 않는 시간이 물밑으로 쌓이고, 집중적으로 훈련할 수 있는 시간을 적정 기간 확보하면 만들어낼 수 있다. 그리고 마지막에는 처음에 4개월 반 동안 프랑스어를 학습하면서 이르고자 했던 목표치에 결론적으로는 비슷하게 도달하게 됐음을 깨닫는다. 현실로 끄집어진 욕망은 상상에 머물 때보다 초라하기 마련이지만, 충동이 제법 괜찮은 모양새를 가진 결과를 얻게 할 수 있다.

드럼은 첫 세 달 동안 열심히 하다가 한참 버려두었지만, 마지막 달에 문득 다시 노력했다. 그래서 1년 안에 치고 싶었던 곡을 결국 시작한 지 1년이 되기 직전 무렵에 연주하게 되었다. 이스탄불 공항에서 사건을 겪고 중단했던 여행의 마침표를 찍고자 결국 다시 표를 끊어 빈으로 갔다. 거기서 조교는 빈이 자신과 잘 맞을 거라는 발견을 했고, 학사를 빈에서 한다는 목표를 갖고 독일어 공부를 시작했다. 나도 오래 버려두었던 독일어를 불쑥 다시 시작해 다시 한 번 시험을 본다. 새로운 목표는 그가 학사를 시작할 무렵 다시 빈에 놀러 가면, 거기서 사건 친구들과 대화할 때 나 때문에 영어로 대화하지 않아도 될 정도의 독일어를 구사하는 것이다.

11. 게릴라 러닝의 기대효과: 잘 논다

결국 필요한 건 재미와 의미

'너무 많이 배웠어요. 그런데 그만
다녀야겠어요. 죄송해요.'

수업을 하다보면 자주 듣는 멘트다. 수업에 임하
는 동안 진심으로 즐거웠고, 게다가 많이 배웠다는데
그만둔 이유도 같다. 너무…… 노는 것 같아서요.
학생들과 나눈 대화를 정리하면 이렇다.

'놀면 불안해진다. 비생산적인 시간을 보내고
있는 것 같아서다. 이럴 시간에 뭔가 다른 걸
해야 하지 않을까? 영어 같은……'

궁금해서 해야 한다 싶은 다른 게 무엇인지 물어
보았지만 뾰족한 답은 나오지 않았다. 하지만 학생이

느꼈다는 '논다'는 단어만큼은 정확히 우리 수업의 가장 큰 목표가 맞다. 바로 '잘 놀기bien jouer'다.

게릴라 러닝은 발산하는 흥미를 긍정하고, 그럼으로써 성취해나가고자 한다. 이 말인즉슨 가능한 신나게 놀겠다는 뜻이다. 배움이나 성과에 대한 고통과 쾌락의 이분법에 반대한다. 성장을 위해서라면 고문보다는 질주가 좋다. 고통과 쾌락의 이런 이분법 구도에서 '노는 듯한 느낌'은 곧바로 비생산성을 뜻한다. 지루함은 발전을 위해 치러야 하는 마땅한 대가로 오해된다. 그러나 성취를 하기까지 지루함을 견디는 단계가 드문드문 섞여 있고, 이를 인내해야 할 필요도 있을지언정 상쾌하게 잘 노는 순간 없이 외국어 수준을 높일 수 있는 사람은 절대 없다.

생존을 위한 전략의 일종으로서 '취미로 돈 벌기' 같은 말도 등장하고 있지만, 흥미를 동력 삼아 생산하는 관점은 아직 낯설다. 시험이 중요한데 재미가 느껴지면 불안하고, 취미로 시작한 일로 돈을 벌까 고민하는 상상은 무모해 보인다. 여전히 쾌락은 일시적이고, 소비를 동반하는 불안한 감각이다. 구글이 3만 명을 일시 해고한 세상에서 흥미로워 보이는 일에까지 정신을 빼앗기면 생존은 더 힘들어지지 않을까?

하지만 느껴지는 흥미를 참는 것, 외부에서 부여

한 의미를 따르려는 시도가 오히려 생존을 불안하게 만든다. 구글이 3만 명을 해고했다는 소식은 앞서 소개한 보어아웃과 브라운아웃의 확대와 연결 지어 생각할 수 있다. 자기 자신이 어디에서 흥미를 느끼는지 알고, 이 방향을 좇고, 이를 끈기 있게 붙들어 생산하는 데 이르지 않으면 살아남을 수 없는 시대가 된 것이다. 자신의 느낌을 숨기는 순서대로 대체된다. 그러니 그 순간 생겨나는 흥을 내적인 동력으로 삼지 않고, 의미를 스스로 만들지 않고는 살아갈 수 없다. 게릴라가 '변칙성과 자율성'이라는 원칙을 만들고 2년 뒤, '의미와 재미'라는 단어를 방향성으로 새로 추가한 까닭도 이 흐름과 떼어놓을 수 없다.

게릴라 러닝의 전략은 흥취, 즉 몰입에서 나오는 쾌락적인 느낌에 죄책감을 갖지 않게 하고, 오히려 몰입이 가능한 상태를 최대한으로 추구하는 것이다.

'만끽하도록.'

나의 엄마가 자주 보지 못하는 내게 요즘 메신저로 남기곤 하는 안부의 말인데, 이 접근법은 그의 지론을 많이 물려받았다. 삶을 만끽하라는 낭만적인 메시지를 보내는 엄마가 학교 성적에 개의치 않았는가

하면 전혀 그렇지 않았다. 차라리 반대였다. 언제나 가능한 최상의 성적을 받기를 바랐고, 그게 당연하다고 여겼다. 내가 앓았던 문제를 이해하지도 못했고, 어떤 일면은 도리어 아주 심화시켰다. 공부를 몰입해서 하지만 왜 공부 아닌 일에조차 자꾸만 너무 오랜 시간 정신을 파는지, 모든 아이가 다 집에 들어오는데 왜 자기 아이는 하굣길을 똑바로 제시간 내에 걸어올 수 없는지 엄마는 몰랐다. 그리고 의지를 다잡으면 그런 패턴을 얼마든지 바꿀 수 있는 줄로 알았고, 그러지 못하는 내가 무성의하고 무례하다고만 생각했다. 그렇지만 그건 틀렸다. 게릴라 러닝이라는 이름을 붙일 만큼의 나름의 학습 전략은 곧 이런 커다란 오해를 피하지 못하고 정면으로 통과해야만 했던 힘 없는 시기부터 시작된 생존 전략이었다.

다만 엄마는 비싼 학원을 찾거나 일찍 일어나 오래 공부하는 식의 형식에는 전혀 집착하지 않았다. 그 점이 나를 어느 정도 살려주었다. 그리고 청소년이 어떻게 하면 높은 수준의 학업 성취에 도달할 수 있는지를 잘 알았다. 내가 어릴 적에는 직접 한자나 영어, 산수를 가르쳤다. 중학교에 들어가고부터는 장차 수능을 잘 봐야만 하는 딸을 관리감독해야 하기에 집을 비울 수도 없고, 생활을 영위하기 위해서는 돈도 벌어야 하는 고민을 교습소를 만들어 해결했다. 다른 학생들을 나와 같이 가르친 것이다. 지금도 마포구에 어느 교습소 원장으로 있는 엄마가 가정 문제와 청소년기의 내적인 방황으로 시달리던 학생들을 전교 1등으로 곧잘 만들어내고 있다는 걸 보면 그 방법은 내가 아닌 남에게도 여전히 잘 통하고 있는 듯하다.

'앉아서 꾸벅꾸벅 졸지 말고 잘 거면 자라!'

엄마 본인이 생각하는 헛짓의 범위는 늘 내 관심이 튀어나가는 영역보다 좁았다. 그래도 최소한 자기 마음이 불안해 불안감을 다스리기 위해 자식의 절대적인 학습량에 연연하지는 않았다. 네 시간 자면 붙고 다섯 시간 자면 떨어진다는, 사당오락이니 하는 유의 말을 비웃었다. 그래도 청소년기에는 늘 잠이 부족했다. 그래서 공부를 하다 말고 졸면 엄마는 잠을 깨라고 하기보다는 당장 멈추고 이불을 펴고 똑바로 자라고 했다. 언제 자고 언제 일어나든 눈을 뜨고 있는 시간에 하라는 말이었다. 청소년기에는 훨씬 더 야행성이었던 나는 심지어 아침 열한 시에 자고 밤 아홉 시에 공부를 시작하는 날도 있었다. 그러니 수능 1교시에 맞추어 무슨 과목을 풀어서 몸을 수능의 순서에 맞게 준비시키는 루틴 같은 건 그때에도 없었다. 배우고 있다는 건 그러니 내적인 감각으로만 알 수 있었다. 책가방을 들고 어디에 출석한다거나 오래 앉아 있다거나 하는 동작은 무용했다.

내 수업은 그런 내적인 감각을 최대로 끌어올리는 데 집중한다. 막다른 길에서 출구를 찾을 때, 처음 보는 공간을 열고 나가는 방법을 알게 될 때 드는 개운한 느낌. 그걸 재미라고 말해도 좋다. 직장인들이 돈을 벌면 새로운 걸 배우는 데 쓰고 싶어하고, 그 이유가 재미있기 때문이 아닌가. 그러니 재미 자체가 추구해 좋은 목표이기도 하지만, 학업 성취를 목표로 할 때일수록, 배우는 시간 중에 이런 감각을 느끼는 시간의 비중이 커야 좋다. 노는 게 반드시 무위는 아니다.

즐거움을 생산성과 결부하는 게 새로운 삶의 방식이라는 이야기는 많아진다. 나처럼 취미를 사업으로 만드는 경우도 많아지고, 유희하는 인간을 의미하는 '호모 루덴스Homo Ludens'라는 개념이 생겼다. 도파민을 모으는 행위(Dopamine+Farming)라는 '도파밍'이 새로운 사회의 트렌드라고도 한다. 그러나 한국의 수험생이라는 특수한 시기를 지나서인지, 성인들이 호기심으로 시작한 프랑스어에서도 여전히 즐거움을 만끽하는 일은 상승보다 추락처럼 의미화된다. 쓸모 없고, 뒤처지고, 아깝고……

잘 노는 건 기술이다

그러나 잘 노는 건 결코 무위한 추락이 아니다. 오히려 부단한 연습으로 첨예해져야만 얻어질 수 있는 상태이자 외국어 학습자들이 끝없이 추구해야 할 위대한 목표다. 영어에서 '놀이'와 '연극'이 같은 단어이며, 한국어로 '마당극'의 다른 이름이 '마당놀이'라는 점을 생각해보자. 관객은 잘 노는 모습을 보고 감탄하기 위해서 극장에 가고, 그중에서 유독 잘 노는 사람들은 두고두고 손에 꼽히고 기억된다. 무대에 오르는 사람들은 그들을 동경하고 그렇게 되기를 바란다. 외국어 학습자들은 열심히 스크립트를 찾아내 외운다. 스크립트는 무대에 오르는 사람들이 무대 뒤에서 쥐고 있는 각본의 영어 이름이다. 통번역대학원에 진학하면 외국어 발화를 평가받을 때 퍼포먼스가 어떠했다는 피드백을 받는다. 그러니 몸짓과 표정, 알맞게 내는 소리들을 이용하여 상황을 잘 흐르게 하는 건 배우와 외국어 학습자 공통의 목표이다.

　놀이는 현실에서의 사건을 모방해 가짜로 일으

키는 행위들이다. 그래서 발화가 트일 법한 시점에 맞추어 원어민을 섭외해 벌이는 시장놀이는 그동안 한 번도 합을 맞추어보지 않았던 배우들의 첫 리허설 날이다. 참조할 만한 각본을 구해 즉석에서 창조해내야 하는 즉흥극의 리허설을 잘 통과하기란 결코 쉽지 않다. 그러나 리허설을 마친 학생들은 '여기에서는 공부하는 것 같지가 않아요!' 하고 상기된 얼굴로 데뷔 소감을 들뜨게 이야기한다.

놀이는 미래에 갖게 될 역할에 대한 모방 학습이기도 하다. 시장놀이에서 소비자 역할을 맡은 학생들은 이후에는 유사한 상황에서 대사의 분량이 더 많고 더욱 주도적으로 상황을 이끌어나가야 하는 판매자 역할로 성장하기를 기대받는다. 그리고 그전까지 실제와 허구 사이에 걸쳐진 위치에서 학생들은 기량껏 논다.

프랑스어로도 '놀다'는 '연주하다'와 같은 단어이다. 피아노나 바이올린처럼 외국어 역시 연주하는 일이다. 다만 몸을 악기로 삼을 뿐이다. 몸 내부를 바이올린의 현으로 삼고 어떤 부분에 진동과 타격을 주어야 맞는 음이 만들어지는지 고민하고, 눈으로 악보를 보았어도 자꾸만 잘못 나가는 손가락처럼, 알고도 삐끗하는 혀와 목을 집요하게 길들이는 시간을 가져야 한다. 문법과 글자부터 배워서 연주를 해낸다는 건 피아노 없이 악보만 던져준 피아노 학원을 다니다가 콩쿠르에 참가해도 된다는 말과 똑같다. 피아노를 가지고 논다는 건 최고의 연주자에게만 할 수 있는 찬사이다. 그렇게 감탄할 때 그의 연습 부족을, 불성실성을 의심하는 사람은 없다.

놀면 막힌 가슴이 뚫리는 시원한 느낌이 든다. 그런 느낌을 얻기 위해 사람들은 손열음의 피아노 공연도 보러 가고 국립극장에도 갈 것이다. 일로 스트레스를 받은 직장인이 놀기 위해서 찾는 곳. 그러나 그들이 외국어를 또 다른 취미로 배우든 또 다른 경제적 기회를 찾기 위해 필사적으로 배우든, '잘 놀기'는 익혀야 하는 기술이다. 스크립트를 외워 온 티가 나지 않는 태연함으로, 머릿속과 혀가 따로 놀지 않는 일치감으로, 여러 군데에서 들은 맥락을 하나로 조합하여 지켜보는 사람의 가슴까지도 뚫어줄 수 있는 말을 내어놓을 수 있는 능력을 갖추는 건 분명 어렵다.

하지만 기쁨이나 쾌락은 공부라는 단어와 영 어울리지 않는다. 예체능에서 두각을 나타내는 선수 혹은 연주자—이 단어도 프랑스어나 영어나 똑같이 '놀다'를 어원으로 둔 변형형이다—와 외국어 선수는 다르게 취급된다. 외국어는 예체능과는 다른 공부의 영역에서 이해되면서 자꾸 오해된다. 공부는 어렵고 힘든 것, 이라는 임의의 명제 때문이다. 배운다면 모름지기 고통과 지루함을 동반해야 한다. 꽉 차게 지루하지 않으면 잘 배우고 있지 않는 것 같다는 느낌이 불안을 초래한다. 그래서 이 수업이 아주 좋았다고 회고하고, 배운 중에 빠른 성취를 거두었는데도 조금 더 경직된 수업을 찾아가겠다는 학생들이 꽤 많았다.

10여 년 지켜본 엄마의 교습소에서 일어나는 일도 유사했다. 엄마는 거의 20여 년 전 자율성을 길러주는 학습 방법을 자기주도 학습이라 칭했는데, 그 말은 때로 학생이 혼자 알아서 다한 것이니 교습소에 돈을 낼 필요가 없다는 뜻으로 받아들여지기도 했다. 그만두며 조금 더 '잡아주는' 곳으로 가야겠다고 하는 학생들도 많았는데, 그 말은 자율성을 소거하는 익숙한 상태를 찾겠다는 의미였다. 그러나 미리 정해둔 규칙이 없는 상황을 자연스럽게 여기면서 당장은 못 미더운 자율성을 길러내는 편이 궁극적으로는 더 낫다. 예상보다 빠른 시간 안에 더 나은 성취와 더 낮은 비용을 가져다줄 수 있다.

오랜만에 전한 안부에 요즘은 프랑스어 수업을 주로 하고 있다고 하니 엄마는 뭐든 크게 성공했으면 좋겠다면서 간단히 메시지를 남겼다.

'스스로를 늘 기쁘게 만들고.'

내버려두어도 마음이 가는 분야에서 스스로를 기쁘게 만드는 방법을 최대한 찾아내어 만끽하기. 게릴라 러닝은 이렇게도 요약될 수 있을 것이다.

나가며:
스스로를 기쁘게 만들자

마지막 장을 완성하기 위해 사무실로 왔다. 오후 세 시의 사무실이 마치 새벽처럼 깨끗하고 고요하다. 배달 카페를 겸하기 위해서 이사를 왔지만 앞으로도 무엇이 더해지고 빠질지 모를 이 공간으로 올 때 가장 먼저 챙긴 건 한 수강생이 붓글씨로 프랑스어 단어 세 개를 써준 액자다. 각각 fierté, pluralité, promiscuité 로, '긍지를 가지고, 여러 가지를, 혼란하게'라는 뜻이다.

나는 혼란하다. 무질서를 싫어하는 사람들은 나를 어려워하거나 끔찍해한다. 처음도 끝도 없이 흩뿌려지는 광경을 멀리하거나 비난하거나 그 앞에서 주눅든다. 파악되지 않는 알 수 없음은 공포를 만들어내기 때문일 것이다.

나는 생산적이다. 무질서를 싫어하는 사람도 나를 가지고 싶어한다. 끝없이 창조하고 연결 짓고 분화하며 가능성을 만들어내기 때문일 것이다.

여기서의 나는 언어이다.

사과는 왜 사과일까? '과일 과' 자를 쓰기 때문에 '과'가 붙었다. 이 지식은 학습으로 접근 가능하다. 그러나 왜 과일에는 '과'라는 글자를 써야 할까? 그냥 그렇게 하기로 했다. 미안해서 하는 사과와 과일 사과의 단어는 왜 같을까? 여기서부터는 우리가 알 수 없다. 이것을 언어의 '자의성'이라 한다.

어떤 언어든, 자모음의 개수는 한정되어 있다. 그리고 그 한정된 개수로 만들어낼 수 있는 수는 무한하다. 그러니 자음, 모음, 자모음의 조합을 잘 연습하기만 하면 읽을 수 있는 글은 무한대이며 모든 문장이 다른 문장과 같지 않다. 이를 언어의 '생산성'이라고 한다. 조각조각이 무한하게 생산될 수 있는 능력.

언어에 오랫동안 빠져들었고, 다른 많은 분야에 이 두 가지 속성을 활용하며 지식을 습득해나간 건 내가 어느 정도 이 두 가지 면모를 닮아 있고, 두 가지를 가지고 싶어하기 때문이리라. 그걸 가지고 싶어 쌓아 올린 연습의 결과인 게릴라 러닝은 산만한 관심사가 성취를 이룰 수 있도록 발전하면서도, 강박이나 고통 없이 즐겁게 몰입할 수 있는 여러 가지 전략을 의미한다.

안타깝게도 뜬금없이 무언가를 시작하려는 사람

들, 이미 하고 있는 무언가에 더해 여러 가지를 잘하고 싶어하는 사람들은 아무렇게나 지적당해도 마땅한 사람 취급을 자주 받는다. 무시할 수 있는 빈정거림에 그치면 다행이지만, 스스로를 보호하기 어려운 미성년자에게는 지적이 폭력의 형태로 쏟아지는 일도 흔하다. 밥이든 티브이든 하나만 해, 하는 지적은 때로 멍하게 보고 있는 티브이를 꺼버리며 퍼붓는 폭언으로, 들고 있는 밥그릇이나 안고 있던 인형을 홱 빼앗는 행동으로, 그 이상으로, 하는 방식으로 비탈을 급하게 굴러갈 수 있다.

그런 말이나 행동은 정말로 성과를 내고 원하는 대로 살아가게끔 돕는 데 하등 도움이 되지 않는다. 나도 어렸을수록 신경이 분산되는 걸 통제할 수 없었다. 성인이 되어서는 그 정도가 덜해지기도 했고 지적이야 무시하거나 멀어지면 그만이었지만, 스스로를 지키기 어려운 미성년자 시기에는 노골적인 폭력을 겪는 일이 많았다. 이는 생산성을 이야기하기로 한 책에서 불필요하게 걷어내야 하는 부분이 결코 아니다. 책을 쓴 가장 중요한 목적이다.

여러 가지를 할 수 있는 것, 그러다가 그중 몇 분야에서 제법 좋은 성과를 냈다는 점은 아주 대단한 능력처럼 보인다. 심지어 그것에 대해 이야기하는 건 재

수 없는 자랑처럼 들릴지도 모를 정도다. 그러나 같은 사람이 아이 때 하굣길에 주저앉아 자꾸만 한 시간 넘는 시간을 무언가에 골몰하고, 귀가해서 당하는 응분의 조치가 무엇이었는지는 쉽게 상상하기 어려울 것이다.

어떻게 그 여러 가지 일을 하면서 개를 키우느냐는 질문이 SNS에 올라왔다는 일화를 서두에 소개했다는 사실을 기억하는가? 게시물이 올라오자마자 살던 집 안에서 개가 납치당하는 폭력을 겪었다. 동시에 여러 가지 일을 벌이고 여러 군데를 돌아다니는 믿을 수 없는 사람이라는 것이 주된 이유였다. 하나를 제대로 하지 않고 여러 가지를 하면서 살아가는 사람은 의심스럽고 잘못된 인간이다. 미성년자일 때에는 어떤 폭행을 당해도 무방하고, 어떻게 저지당해도 되며, 어떤 무례한 언어폭력 혹은 린치를 당해도 마땅하다.

대충 배움에 임해도 좋고, 심지어 흥미가 떨어지면 그만둬도 좋고, 그런데도 좋은 성과를 낼 수 있다는 말은 인생에 대한 사기성 홍보처럼 들린다. 그러나 노력한 양만큼 보상이 결정되지 않는 것도 사실이고, 성과를 내는 데 필요한 과정이 정해져 있지 않다는 것도 사실이고, 흥미 없는 영역에 매여 있을수록 생산성이 낮아진다는 말도 사실이다. 그리고 흥미를 끝까지 추구하는 학습 방법은 충분히 성실하다. 다만 그 성실함의 양상이 바깥에서 보기에 고르지 않을 뿐이다.

여러 가지를 잘해내는 유능함의 기술은 결과만 보면 매력적이기만 하다. 그 기술이 필요한 이유는 한심하고, 숙련하는 과정은 의심스럽게 받아들여진다는 어두운 일면에 대한 언급은 그러니 불필요할지도 모른다. 그러나 그 양면을 모두 언급해야만 자기 이야기라고 느낄 수 있는 사람들이 있고, 또 그러한 사람들이 어떤 진단을 받지 않고 범주로 확실하게 분류되지 않는다 해도 아주 많이 존재하고 있음을 알고 있다. 그래서 여러 면을 고루 드러내기 위해 최대한 노력해보았다.

'네가 갑자기 프랑스어를 왜 배워?'

프랑스어를 배워볼까, 결심하고 주변에 말을 꺼낸 수강생들의 들뜸이 뒤이은 질문으로 겪는 급격한 피로감으로 전락하거나, 시도한 이후에 본인이 상상하던 완벽한 학습과는 다른 모습으로 배우게 될 때에 '그럼 그렇지⋯⋯' 낙담하면서 자신을 책망하는 문제에 개입하고 싶었다.

모든 시작은 뜬금없기 마련이다. 이유를 찾으려 들면 시작은 이어지는 대신 즉시 끝날 것이다. 프랑스어를 배우고 싶어진 이유, 그걸로 어디에 뭘 하려는 계획, 같은 건 없어도 좋다. 그걸 생각하기 시작하면 오늘날의 우리가 미쳐 있는 생산성을 해친다. 그저 그렇게 파다가 멈추었다가, 새로 파거나 다시 파나아간 물줄기가 합쳐져서 궁극적으로 더 많은 흐름을 만들어낼 수만 있다면, 삶을 유창하게 살아갈 수 있다.

나는 최대한 많은 성인들이 지금의 자기 나이에 구애받지 않고 흥미를 갖는 분야를 들고파는 세상을 바란다. 특히 많은 언어를 두루두루 적당히, 그중에서 어떤 것들은 제법 탁월히 구사하기를 바란다. 여러 개의 외국어를 하기를 꿈꾸면서도 다양한 언어가 내 안에 공존하는 상상이 막상 자신을 두렵게 만드는 모습을 본다. '하나나 제대로'라는 말이 바로 이 두려움의 발로다.

여러 가지를 어설프게 배우느니 하나에 집중하라는 조언에 반대하는 게릴라 러닝의 원칙이 문제 삼는 건 단일언어주의monolinguisme이기도 하다. 한 국가 안에 언어가 하나만 존재하기를 강제하는 이데올로기인 단일언어주의의 반대는 다양한 언어가 한 체계 안에 공존하는 언어다원주의plurilinguisme

이다.

　언어다원주의는 캐나다의 퀘벡이 중심으로 삼은 슬로건이다. '이중언어가 우리의 정치이다'라는 메시지를 강력히 일관하는 퀘벡은 영어와 프랑스어를 쓴다. 그리고 그 언어 사이에는 치열한 정치와 혁명이 존재했다. 정신이 헷갈리는 곳이라거나 부러운 곳이라고 단순하게 치부할 수가 없다. 바로 그 이유로 우리 수업은 프랑스어를 잘하면 캐나다에 이민을 갈 수 있다고 부추긴다. 그러다보면 캐나다 이민을 꿈꾸는 사람들도 캐나다에 프랑스어를 쓰는 지역이 있음을 잘 모른다는 걸 알게 되는데, 그게 바로 퀘벡이 이런 슬로건을 유지하는 이유일 것이다.

　정치는 힘을 어떻게 활용해야 하는지에 대한 이야기이고, 언어는 언제나 정치적이다. 내가 가진 힘을 어떻게 활용해 학습하는지를 언어를 통해 보여주는 게릴라 러닝 역시 정치성을 담고 있다. 그러니 이 학습법을 이용해 에너지를 분산하며 살아갈지 수렴하며 살아갈지는 자기 결정이지만, 언제나 힘을 하나로 모으는 편이 낫다는 이야기에는 반대한다.

　외국어 학습이라는 분야에 뛰어들고 나니, 내가 이전부터 해온 이 이야기를 설명 없이 성취로 보여줄 수 있어서 좋았다. 하나의 모국어를 하는 사람과 네

개의 언어를 일상에서 살아가는 데 큰 무리 없는 수준
으로 구사하는 사람은 소통할 수 있는 영토에서 차이
가 난다. 그 사람의 제1언어가 단일언어자의 제1언어
보다 약하리라는 전제도 사실이 아닌 데다가, 말을 할
줄 아는 나라의 공항 엘리베이터 안에 덜컥 갇히게 되
면 그 수준이 완벽하지 않다 할지언정 얼마나 다행스
럽게 느껴지는지 모른다. 완벽하게 하는 게 아닐 바
에야 하지 않는 게 낫다는 극단적 관점은 그 상황에서
절대로 통하지 않는다. 심지어 언어를 중심축으로 삼
으면 지리적 경계를 무시하고 대륙을 건너뛸 수도 있
다. 내가 게릴라 러닝이라는 방법론에 기초해 프랑스
어와 스페인어, 독일어와 같은 유럽어를 가르치는 까
닭도 유럽뿐 아니라 남미와 북미, 아프리카로 대충 잘
나아가는 사람들을 보고 싶어서다. 영어가 없는 세상
이 얼마나 큰지, 소위 본토의 언어라고 불리는 언어가
같은 언어 범주 내에서 얼마나 치열하게 싸우면서 다
양하게 존재하는지 더 많이 알아가고 싶다.

　알아가고 싶은 것을 알아가기 위해서는 성취가
필수다. 삶에서 운용할 수 있는 자원을 확보하게 하므
로 생존을 보장해주기 때문이다. 게릴라 러닝이 흥미
를 중요시한다고 해서 성취를 하지 않아도 마냥 괜찮
다는 이야기로 읽히지 않기를 바랐다. 어떤 성과를 얼

마큼 이루었다는 사실도 책을 쓸 수 있는 자격을 나름대로 확보하고, 또한 소개하는 기술이 어느 정도의 성과에 도달할 수 있음을 입증해준다는 점에서 중요했다. 그러나 그 성취를 이루어가는 과정에서 한 번도 내가 움직이는 방향을 바꾸지 않았다는 사실이 더욱 중요할 것 같다. 게릴라 러닝은 결국 말을 잘하는 법에 관한 것인데, 프랑스어 시험에서 점수를 높이는 방법뿐 아니라 삶에서 자꾸만 벌어지는 무작위를 설명해내는 데 도움을 준다는 점에서 그러하다.

누군가는 학습법에 대한 책 중간에 강아지 이야기가 왜 가끔씩 등장하나 의아했을 수 있다. 강아지 납치 사건이 이 책의 배경이 되는 세계일주 동안 일어났다. 나의 산만함은 납치의 이유가 되었고 생산성으로 쌓은 성과는 대응을 참으라고 만류하는 근거가 되었다. 이 책에 담긴 언어는 내가 겪은 일을 설명하고 이미 일어난 사건에 대항하는 하나의 방법이었다.

어떤 연유로 처음 만들어졌는지는 모르겠으나 여러 갈래라는 한 방향을 꿋꿋이 지킨, 그러니 열심히 발전시킨 이 모양새는 어느새 게릴라 러닝이라는 방법론이 되었다. 그리고 그 방법론을 실험해가는 공간이 비슷한 욕망을 가진 다른 사람을 들일 수 있게 되었음에 긍지를 느낀다. 만일 여러분이 이 책에서 일말

의 도움을 받는다면 마찬가지로 여러 가지를 혼란하
게, 생산적으로 벌여나갈 수 있기를 바란다.

감사의 말

이 책은 우선 마름모 출판사의 고우리 대표님께 큰 빚을 지고 있다. 그와 나는 2018년 《탈코르셋: 도래한 상상》이라는 책의 편집자와 저자로 처음 만났다. 그이후 친구가 되어 근황을 공유할 때마다 이리저리 일을 벌이는 모습을 신기하게 지켜봐주면서, 그에 대한책을 내기를 제안해주었다. 《게릴라 러닝》은 나의 움직임을 학습에 한정한 버전이기는 하지만 그 제안이없었더라면 세상에 나오기 어려웠을 것임에 감사를표한다.

게릴라 러닝은 내가 일관해온 방법과 방향에 대한 이야기이지만 개인적으로만 성과를 볼 때까지는시스템으로 구체화할 가능성을 생각하기가 어려웠다. 따라서 나의 방법을 자신들의 학습과 성장에 적용해 소기의 성과를 이루어왔고 앞으로도 이루고자 하는 게릴라의 직원, 가현, 모민, 재희에게 감사를 돌려야 마땅하다. 게다가 이 세 명에게 집필을 하는 기간 내내 큰 도움을 받았다. 게릴라 러닝을 구성하는 전제를 가진 지 너무 오래되어 나에게는 당연하게만 여겨져, 혹시라도 쓸모 없는 소리를 하고 있다면 세상에 보태지 않는 편이 좋다고 생각하는 일이 잦았다. 나와 비슷하게 산만한 기질을 가지고 있으면서 성취를 내기까지 가로막히는 경험이 많았던 이들은 그런 우려를 불식해주었다. 매 장을 읽고 공감하고 의견을 나눠주었다.

특히 이스탄불 공항에 갇힌 조교, 가현이 아니었더라면 이 책을 쓸 수 없었다. 그는 오로지 이 책에 적힌 학습법만으로 프랑스어를 시작한 지 1년 만에 C2 시험에 응시하는 수준을 갖추었다. 물론 그에게는 언어적 재능이 탁월하다. 그러나 그런 그였음에도 영어와 중국어를 배울 때 오랜 시간 꾸준히 배우고도 진전이 없었다가, 프랑스어를 배우고 난 뒤에는 독일어를 며칠 만에 어렵지 않게 발음하고 이해하는 확실한 결과가 드러나 나 스스로를 덜 의심하게 했다. 가현은 자신이 배운 방식대로 성인들이 프랑스어를 무리 없이 유창하게 구사하도록 돕는 선생으로 활동하고 있다. 그리고 오랜 꿈이었던 자동차를 다루는 사업을 프랑스어 덕분에 북아프리카에서 중고차 수출이라는 형태로 시작할 예정이다. 덕분에 2024년에는 '재능과 흥미에 언어를 섞으면?'이라는 질문을 탐구해나가게 되었다.

모민에게도 감사를 돌린다. 프랑스어 수업이 생기기 전 해, 평생의 꿈이라던 연세대학교에 편입하여, 나는 그를 가르친 경험으로 '용꼬리반'이라는 학습 방식을 처음 시도했다. 우리는 '서울 아닌 지역에 사는 여성들이 학습에 어떤 방해도 받지 않는 환경에 놓인다면 얼마나 멀리 살 수 있을까?'를 질문하면서 서로의 삶을 걸고 함께 도전했다. 그의 삶은 입시 이후로도 많은 곤경을 겪었다. 좌절과 실망, 실패와 불안이 없을 리 없다. 그렇지만 그는 게릴라에서 함께 다른 여성들이 배울 장을 마련하면서 자신의 학업도 완수하는 중이다. 요즘 같은 시대에 대학은 아무것도 아니다. 그리고 아무것도 아니어야 한다. 그렇지만 한 여성이 10년간 소망했던 대학에, 마흔까지 유예하지 않고도 바로 합격하는 결과는 소중하다. 이 결과를 프랑스어 수업으로 이어갔듯이, 소망을 이루는 방법을 다른 대륙, 다른 경제사회적 위치에서 교육에 대한 열망을 가진 여성들의 꿈도 미완으로 남겨놓지 않는 데 쓸 수 있다. 그는 나의 가장 가까운 곁에서 이 소망을 이루고 싶다는 꿈이 생겨서 독일어 공부를 시작했다. 독일로 석박사 유학을 가기 위해서다. 게릴라라는 회사는 모민과의 전화 통화에서 탄생했으니 이 원고 전체에 그와의 이야기가 녹아 있다고 볼 수 있다.

　재희는 가장 최근에 게릴라로 합류한 직원이며, 수업으로 실현하고 있던 게릴라 러닝을 책으로 출간할 수 있도록 구체적인 질문을 촉발해주었다. 방법론을 책으로까지 낼 필요가 없다고 생각하던 내게 그와 비슷한 욕망과 고민을 안고 있을 여성들이 많겠다는 생각을 하게 해주었다. 아침마다 단체 메시지방에 새로 올라온 원고를 읽고 하루를 시작하는 게 큰 재미이며 행복이라고 말해준 그의 말 덕에 성실히 작업할 수 있었다. 재희는 프랑스어를 전혀 하지 못하면서 프랑스로 유학을 꿈꾼 적이 있었다. 게릴라에 합류한 이후 그는 프랑스어를 배우며, 파리에서 붕어빵을 팔면서 유학 생활을 이어가려 한다. 때로 이런 계획은 허황되게 느껴져 공격받기도 한다. 상상력이 없는 사람들에게는 '그 사람이 너를 굳이 왜 가르쳐?' 혹은 '가르치고 나면 네가 왜 거기 남아?'라는 질문을 유발하기 때문이다. 그러나 재희와 나는 이 책에 나온 방법을 착실히 적용하면서 당장은 아니라도 생각보다 빠르게 이루어낼 생각이다. 만일 이 계획이 틀어진다고 해도 다른 방식으로 또 다른 성취에 도달할 것이다.

　매 수업 시간 똑같은 잔소리를 듣고도 그다음 주

에 또 똑같은 고민을 가져옴으로써 《게릴라 러닝》의 출간 의지를 불태우게 해준 트레이닝반 학생들에게도 감사하다. 나와 대화하고 수업할 때는 본인과 앞으로의 발전에 대해서 별다른 의심이 없던 이들이 한 주를 보내고 나면 다시 회의와 번뇌에 빠져 돌아오는 모습은 여러 가지를 그저 즐겁게, 그러나 유능하게 해내고 싶은 욕망을 단속하는 세상의 벽을 실감하게 해주었다. 국제사회에서 통역이라는 업무가 필요해지면서 통번역사라는 직업이 생겨났듯이, 언어를 몸으로 노는 행위를 잘 구사할 수 있는 언어 플레이어의 역할도 점점 중요해질 것이다. 학생들의 학업 성취도를 평가한다는 명목하에 함께 잘 놀기 위해, 퀘벡 코미디 페스티벌을 보러 가기로 했다. 타인과 공동체를 이루어 잘 노는 경험은 절망에 빠지기 쉬운 시대에 개인의 성장, 경제적 자원의 확보, 지적인 성취를 모두 늘려주는 희망의 출구가 되어줄 수 있다.

그리고 무엇보다도, 대단한 방법서가 넘쳐나는 세상에서 아주 특출나지 않은 저의 학습 방법이 담긴 이 책을 끝까지 읽어주신 많은 분들에게 깊은 감사의 말씀을 전하고 싶습니다.

게릴라 러닝

© 이민경

1판 1쇄 2024년 3월 8일

지은이 ♦ 이민경
펴낸이 ♦ 고우리
펴낸곳 ♦ 마름모
등 록 ♦ 제 2021 - 000044호(2021년 5월 28일)
전 화 ♦ 070-4554-3973
팩 스 ♦ 02-6488-9874
메 일 ♦ marmmopress@naver.com
블로그 ♦ blog.naver.com / marmmopress

ISBN ♦ 979 - 11 - 985065 - 5 - 9 (03190)

잘못 만든 책은 구입하신 서점에서 바꿔드립니다.
무단 전재와 복제를 금합니다.

평행하는 선들은 결국 만난다 ♦ 마름모